골프, 이 책을 미리 알았더라면

Ⅰ. 골프

Ⅱ. 골프의 4대 운동법칙

Ⅲ. 내면(심리)

Ⅳ. 실전골프

- 구하라 얻을 것이다, 두드려라 열릴 것이다. -

개정판

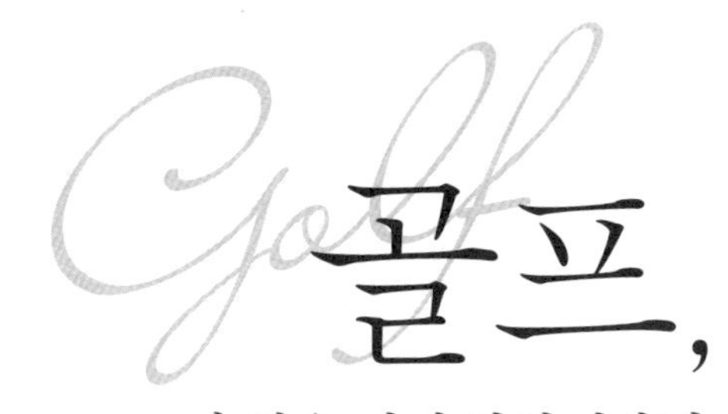

골프,

이 책을 미리 알았더라면

김준식 지음

좋은땅

프롤로그

이 책은 골프, 법칙, 심리, 실전골프라는 네 가지의 책이 연합되어 만들어졌습니다. 흐름에 따라 읽다 보면 골프 기술에 대한 참 지식을 얻게 되는 과정이 펼쳐집니다.

개인적인 견해, 객관적 진리, 전설의 선수에 대한 탐구로 만들어진 이 책이 여러분의 골프와 나아가 인생에까지 지혜를 미치는 글이 되었으면 좋겠습니다.

골프 스윙은 매일 변한다. 매 순간 매 상황에 맞춰 변한다. 마치 잡을 수 없는 우리의 인생과도 같다. 그러나 사람이 뜻을 세우면 강건한 삶이 되는 것처럼 골프에서 자신의 의를 확실히 하면 견고한 스윙을 할 수 있다. 그러므로 반복연습보다 더 나은 연습은 자신에게 필요한 생각을 심는 것이다.

차례

II / 골프의 4대 운동법칙

Ⅲ / 내면(심리)

IV/ 실전골프

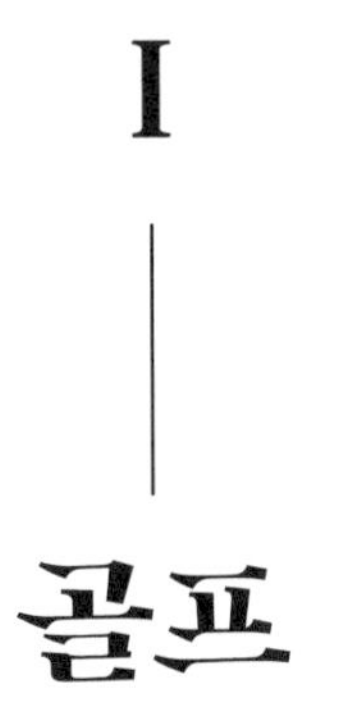

I

골프

책의 시작

골프는 사백 년 동안 우리 곁에 함께하고 있습니다. 이렇게 오랜 세월 동안 골프가 사랑받을 수 있었던 이유는 무엇일까요? 아마 경쾌한 샷을 했을 때 느껴지는 희열과 다양한 상황이 함께하기에 그렇지 않을까요. 다양한 상황을 헤쳐 나가기 위해서는 위대한 정신이 필요합니다.

그래서 골프를 배운다는 것은 공을 시원하게 칠 수 있는 능력과 경기 운영에 필요한 정신적 자세를 갖추는 것이라 할 수 있습니다.

역사 속에서 이런 두 가지 능력을 갖춘 전설의 선수들이 있었습니다. 이들은 골프계를 한층 성장시키는 데 큰 기여를 했습니다.

특히 '샘 스니드' 선수는 PGA 82승의 빛나는 최고의 다승자입니다. 그 시대에 같이 경쟁하던 '바이런 넬슨'은 11연승이라는 어마어마한 기록을 달성한 선수이며 '벤 호건'이란 선수는 참가횟수 대비 가장 많은 우승을 차지한 선수이기도 합니다.

이 세 선수들의 스윙은 현대클럽에 맞게 창시된 골프 스윙에 아버지라 불립니다. 현대의 골프 레슨이 이들의 스윙을 통해 만들어질 정도로 이들은 골프계의 영향력을 미쳤습니다.

이들에 이어 잭니클라우스라는 선수 역시 전설들의 스윙을 따라 한 시대를 풍미했고 그 다음이 우리가 알고 있는 타이거 우즈입니다.

타이거 우즈는 조금 달랐습니다. 그는 타고난 힘과 유연성을 가지고 있었으며 3살부터 골프를 시작하는 등 남들과는 차별화 되어 있었습니다. 특히 긴 체구와 탄력적인 근육, 유연성은 역대 골프계에서 가장 뛰어났습니다. 이 스타의 등장으로 골프계는 전성시대를 열었습니다.

그런데 문제가 하나 생겼습니다. 사람들이 타이거 우즈의 스윙을 표본으로 받아들이게 된 것입니다. 스타의 스윙이 표본이 되는 것은 지극히 당연한 일이지만 남다른 타이거 우즈의 스윙을 따라하는 것은 골퍼들에게 골프를 어렵게 만들었습니다. 우리 몸과 운동성이 타이거 우즈와 다름에도 골프계에 종사하는 다양한 계층의 사람들이 타이거 우즈와 비슷한 폼을 강요했기 때문입니다.

현시대

물론 이 시대는 많은 선수들이 유연한 스윙을 가지고 있습니다. 하지만 우리는 이들의 골프 시작이 유년기라는 사실을 간과하고 있습니다. 중국의 서커스단을 보면 따라할 수 없는 묘기들을 선사합니다. 이들은 조기부터 훈련된 사람들입니다. 현재 골프계가 그렇습니다.

특히 타이거 우즈의 특징인 상 하체의 꼬임이 강조된 탓에 사람들은 하체를 땅에 고정시킨 채 뿌리 내린 나무처럼 뻣뻣하고 어색한 스윙을 하게 되었고, 운동성을 느끼지 못한 이들은 조용히 골프를 그만두는 일까지 생겼습니다. 가장 많은 피해를 본 것은 프로 선수를 꿈꾸는 프로지망생들입니다. 일찍이 골프를 시작해도 자신의 몸에는 한계가 있을 터인데 자신의 스윙이 탑 프로 스윙 자세에서 멀어진다는 것은 정신적인 부담이었을 것입니다.

실제로 힘과 유연성이 보통인 사람들에게 현 시대의 스윙은 몸에 무리를 주며, 클럽에 가속을 더하기 어렵습니다. 186cm를 자랑하는 키와 근육량이 상당하며 유연성까지 갖춘 천재 골퍼를 제외하고는 말이죠.

그런데 과연, 타이거 우즈 선수는 이런 동작을 중요시 여기고 있을까요? 코치들이 강조하는 동작을 타이거 우즈 선수가 중요시 여기고 있을지 그것이 궁금합니다.

적어도 이 선수는 컷 샷(오른쪽으로 휘어지는 샷)을 좋아하기에 이러한 스윙 폼이 필요해 보일 뿐, 특정 동작에 집착하는 것처럼 보이지 않습니다. 왠지 모르게 자연스럽게 나타나는 현상처럼 보입니다. 이 선수뿐만이 아닙니다.

정상급 선수들을 보면 자신만의 개성 있는 스윙을 갖춘 선수들이 많습니다. 그들은 제식훈련을 하듯 특정 동작을 억지로 흉내 내지 않습니다.

단 이들은 골프공을 누구보다 쉽게 치고, 그것을 위한 자신만의 움직임에 집중합니다. 즉 자세에 대한 관심보단 공에 어떠한 임팩트를 줄 것인가에 관심이 더 많아 보입니다. 마치 탁구를 치듯, 배드민턴을 치는 것처럼 말이죠. 그래서 이들은 인터뷰에서 "골프를 어떻게 치나요?"라는 질문에 "'그냥' 칩니다. 한 타, 한 타 신중히요."라고 대답합니다.

왜?

그렇다면 우리는 왜 타이거 우즈와 같은 현대 선수들의 폼을 고집하는 것일까요? 똑같이 따라 하면 타이거 우즈처럼 칠 수 있을 것 같아서일까요? 혹은 대중적인 스윙에 자신을 맞추는 것일까요? 아니면 골프 선생님들이 너무 강조해서 그런 것일까요? 그렇게 안 하면 도태되는 것 같고 표준에서 멀어지는 느낌인가요?

그전에 알아야 할 것이 있습니다. 골프라는 스포츠는 피겨스케이팅과 달리 자세에 대한 점수가 없습니다. 공을 타격했을 때 나타나는 자세가 골프의 폼이지, 자세를 열심히 연습해서 그에 대한 점수로 공을 치는 게임이 아닙니다. 즉, 골프공을 어떻게 칠 것인가에 따라서 스윙 폼은 달라집니다. 골퍼의 의도가 골퍼의 스윙 폼을 만들고 골프를 변화시킵니다.

앞에 있는 사람에게 간단히 물건을 던져줄 때에도 기술적인 분석보다는 물건을 주고자 하는 의도가 그 사람의 행동을 만들어 내는 것처럼 말이죠. 그러므로 선수들에게 외적 자세를 배우는 것이 아니라, 내면에서 일어나는 의향을 배워야 합니다.

그 의향은 다운스윙이라는 말부터 시작합니다.

골프 스윙의 이름은 다운스윙이다

보통 스윙이란 단어는 한 축을 중심으로 그네처럼 왔다 갔다 하는 것을 말합니다. 골프에서 스윙은 백스윙과 다운스윙이 있는데 공을 치기 전 힘을 모으는 스윙을 '백스윙', 공을 칠 때 스윙을 '다운스윙'이라 합니다. 그런데 사실 스윙의 시작이 '백스윙back swing'이라면 다음은 '프론트 스윙front swing'이 나와야 맞습니다. 적어도 스윙의 뜻을 지키기 위해서라면 말이죠. 그런데 백스윙과 다운스윙은 대칭되지 않습니다. 그럼에도 골프에서는 백여 년 넘게 다운스윙이라 불렸습니다. 무언가 표현하는 바가 있지 않을까요? 이치에 맞지 않는데 그것을 계속 사용한다는 것은 모두가 은연중에 그것을 수긍하고 있다는 뜻이기도 합니다. 어쩌면 이것은 스윙의 핵심을 말하는지도 모릅니다.

보통의 스포츠는 자신이 보내야 할 방향을 보고 공을 보냅니다. 야구도 그렇고 미식축구도 그렇습니다. 골프 역시 자신이 쳐야 할 방향을 보게 됩니다. 그리고 자연스레 그 방향에 관심을 갖고 스윙합니다. 그런데 골프는 자신이 공을 타격해야만 그 공이 원하는 방향으로 떠납니다. 그리고 그 공은 밑에 존재합니다. 그래서 스윙은 다운스윙이 돼야 합니다.

거리와 방향

클럽을 아래로 스윙하면 힘도 제대로 전달될 뿐더러 올바른 방향성도 갖출 수 있습니다. 실로 우리가 사는 이 땅에는 중력이라는 힘이 존재합니다. 중력은 초당 9.8m의 제곱으로 아주 빠른 속도를 자랑합니다. 뉴턴은 사과가 떨어지는 모습을 보고 만유인력을 말했고, 아이슈타인은 등가원리 이론으로 중력을 정의 내렸습니다. 그만큼 고유의 힘이면서 매력 있는 가속입니다.

힘을 쓰는 방향이 중력과 같아진다면 클럽의 스피드는 기하급수적으로 증가하기도 합니다. 그러나 보통 사람들은 비거리를 내기 위해 몸에 힘을 주는 것에만 집중합니다. 힘의 20%만이라도 중력과 같은 방향으로 사용된다면 비거리는 충분해질 텐데 말이죠. 또 간과하는 것 중 하나는 공의 비상입니다. 골프공을 치면 공은 하늘을 경유하듯 날아갑니다. 그래서 골프공이 뜨는 이유는 비행기가 비상하는 원리를 통해 알 수 있습니다. 양력이라는 힘입니다.

양력은 비행기가 빠르게 가다 앞머리를 들 때 비행기가 받는 힘입니다. 골프 공 역시 속력이 붙고 그 다음 앞머리가 들려야 합니다. 그래야 공이 뜹니다. 그러기 위해 클럽이 위에서 아래로 운동되어야 유리합니다. 특히 아이언 샷 같이 땅에 완전히 붙어 있는 공을 띄우기 위해 클럽헤드가 공으로 낙하되면 윗부분이 반작용으로 들려 공이 비상합니다. 농구 선수들이 공을 아래로 튕기면 그 공이 다시 올라오는 것처럼 말이죠.

그런데 만약 이 부분이 아닌 다른 부분이 타격되었다면 골프공은 어디로 휘어질지 모릅니다. 예를 들어 옆 부분이 타격되었다거나 윗부분이 타격되었다고 상상해 봅시다. 골프공에 오른쪽 옆면이 타격되면 공은 왼쪽으로 휘어집니다. 윗부분은 어떻습니까? 흔히들 실수하는 것이 골프공을 띄우기 위해 골프채를 아래에서 위로 스윙합니다. 클럽헤드가 아래에서 위로 공을 치면 공의 뒷부분은 순간 뜰지언정 앞부분은 가라앉기에 오히려 공은 밑으로 하강합니다.

높아지기 위해 낮아져야 한다는 말처럼 골프공을 높이 띄우기 위해 클럽헤드는 아래로 낮아져야 합니다. 이는 무게 중심 원리이기도 합니다. 그러므로 다운스윙은 공의 비거리, 탄도, 방향성에 긍정적 영향을 미칩니다. 그렇다면 최경주 프로가 말하는 "일단 공을 때려야 한다."라는 말을 볼 필요가 있습니다.

최경주 프로의 일단 때려라!

최경주 프로는 대한민국 골프를 한 단계 성장시킨 사람입니다. 한국에서 우수한 성적으로 안정적인 선수 생활을 할 수 있었음에도 스스로의 도전으로 골프 선진국인 미국 땅에서 골퍼로 성공했습니다. 그렇게 그는 선진적인 경험과 탐구적인 연구를 통해 골프를 깨달았습니다. 특히 '골프공을 어떻게 치는 것이 가장 좋을까?'라는 고심을 많이 했을 테고, 주변인들에게 '어떻게 쳐야 좋은가?'라는 질문도 꽤나 많이 받았을 것입니다. 그러는 그가 강조하는 것은 '공을 때려라!'입니다.

그는 미국에서 최고의 코치들에게 수년간 값비싼 골프 레슨을 받았고 집안 지하실에 클럽 피팅실까지 갖출 정도로 골프에 대한 열정이 높은 사람입니다. 그러는 그가 골프를 어떻게 쳐야 하나요? 라는 질문에 전문 용어나 복잡한 이론들을 내세우지 않고 때리라고 말합니다. 우리는 이런 말을 들었을 때 '뭐 저 사람 정도 되니깐 저렇게 말할 수 있지'라고 쉽게 생각할 수 있습니다.

그러나 골프와 다른 스포츠의 가장 큰 차이점은 골프공은 자신이 직접적으로 타깃에 보낼 수 없다는 것입니다. 공을 타격해야만 원하는 곳으로 공을 보낼 수 있습니다. 그런데 많은 사람들은 공을 통제하기 원합니다. 그래서 임팩트 시 공을 달래듯 움츠러들고, 엉뚱한 곳으로 날아갈까 봐 굳이 필요 없는 동작을 합니다. 이렇게 되면 아래 있는 공을 타격하는 기본 원리에서 벗어납니다.

어떤 골프를 하든, 공을 때려야 하는 것에서 벗어나면 길 잃은 양과 다르지 않습니다. 타격하지 않으면 공은 떠나가지 않습니다. 그렇다면 공을 어떤 원리로 때려야 할까요?

어떻게 타격해야 하나?

자신의 몸이 그리 강하지 않아도 시원하게 골프공을 타격할 수 있습니다. 물론 도구를 잘 이용해야 한다는 조건이 붙습니다.

골프클럽이란 도구는 손잡이로부터 멀리 떨어진 헤드가 무겁게 설계되어 있습니다. 이는 그립과 클럽헤드가 반대로 운동된다면 손쉽게 힘이 만들어질 것이라는 뜻입니다. 저항은 곧 에너지이니까요. 그리고 그 사이 얇고 긴 샤프트가 있는데, 샤프트는 중간에서 휘어져 탄성을 발휘합니다. 그리고 탄성은 관성력이라는 힘으로 생깁니다. 관성력이 뭘까요?

이 힘은 일상과 함께합니다. 정지해 있던 버스가 출발하면 우리 몸이 뒤로 쏠리는 것, 달리고 있던 버스가 멈추면 앞으로 튀어나가려 하는 것 모두 관성력입니다. 즉 원래 운동되고 있던 방향으로 계속 유지하려는 힘을 관성력이라고 합니다. 아인슈타인은 이를 등가원리로 지칭하여 중력 원리를 밝히기도 했습니다. 이런 큰 힘을 골프클럽에 전달할 수 있다면 골프 스윙으로부터 오는 희열은 상당할 것입니다.

원심력이라고도 불리는 이 힘을 정확히 골프에 접목하기 위해서 그림으로 보겠습니다.

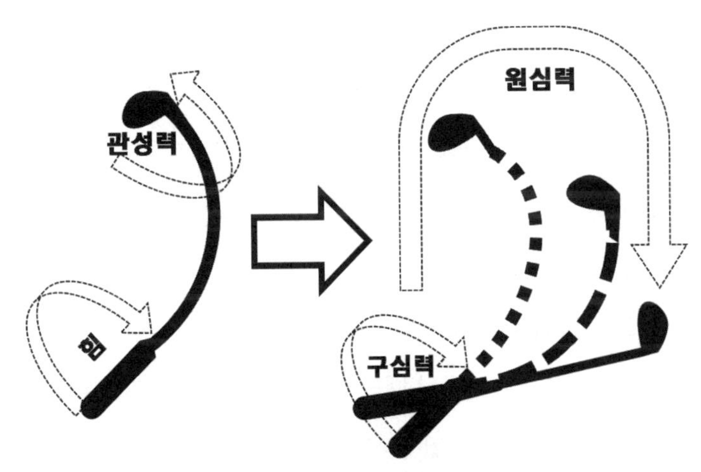

남아 있으려는 헤드의 힘으로
클럽이 휘어져 탄성과 원심력이 생긴다.

원리

세상에는 관성의 법칙이 존재합니다. 관성의 법칙은 한번 움직인 물체는 계속 움직이려 하고 정지해 있는 물체는 계속 정지해 있으려는 성질입니다.

백스윙 탑에서 골프클럽의 헤드는 위로 계속 움직이려 하거나 멈춰 있으려 하는 성질을 갖습니다. 이런 상태에서 다운스윙을 시작하면 클럽헤드가 저항하여 관성력을 만듭니다. 그리고 이 관성력은 결국 저항하다 사람이 가리킨 방향으로 힘을 흘려보냅니다.

이것은 골퍼가 공에 힘을 쓰는 시간이 그리 길지 않다는 말이기도 하며 생각보다 작은 힘으로 큰 힘을 만들 수 있다는 뜻이기도 합니다.

쇼트트랙에서 선수들이 넘어지지 않기 위해 몸을 기울이고 손으로 땅을 짚는 이유도, 승용차나 버스에서 급브레이크를 잡을 때 넘어지지 않으려 손잡이를 잡는 것도 이 힘을 견디기 위해서입니다. 그만큼 이 힘은 강합니다. 그러므로 타격 중 이 힘을 적극적으로 활용해야 합니다. 골프공을 멀리, 쉽게 보낼 수 있는 최고의 방법입니다.

이런 힘이 직선으로 나타날 때는 관성력이라 말하고 원으로 나타나면 원심력이라 합니다. 아인슈타인은 이를 중력이라고 말했으니 '관성력=중력=원심력'이 되겠네요.

이를 골프 스윙에 대입한다면 다음과 같습니다.

〈골프 스윙이 다니는 길〉

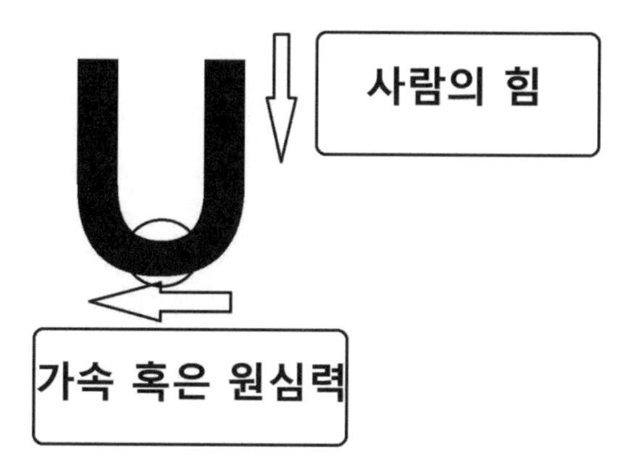

골퍼의 스윙을 U자로 본다면 내려오는 길에서 중력과 함께 사람의 힘이 사용되고 원심력으로 전환되어 골프공이 타격됩니다. 이 원리는 나이가 많아 힘이 없어져도 공을 꽤나 멀리 보낼 수 있게 합니다. 모든 운동은 중력에 저항하는 항중력 운동이지만 골프는 중력과 함께하는 운동이기 때문입니다.

역대 골프계의 전설로 남아 있는 잭 니클라우스 역시 원심력을 뜻깊게 생각하고 있는 듯합니다.

전설의 선수가 말하는 원심력

골프 스윙에서 원심력은 타격의 핵심원리입니다. 원심력을 단순하게 설명한다면 한 축을 중심으로 빠르고 간결하게 원운동 되는 것을 말합니다. 쥐불놀이라는 놀이를 상상하면 쉽습니다.

골프 스윙이 아름다운 호를 그리며 골프공에 가속을 쉽게 실어 주는 이유도 그렇습니다.

전설적인 선수인 잭 니클라우스는 원심력을 느낀 뒤 그 느낌이 지속되기를 바란다고 했습니다. 자신이 힘으로 치는 줄 알았지만 임팩트 때 힘을 주지 않아도 빨라지는 헤드에 반한 것입니다.

그의 말을 들어보면 전설의 선수들이 골프공을 칠 때 어떠한 느낌을 받고자 하는지 이해할 수 있습니다. 원심력으로 맞는 공의 느낌은 구름 위를 타고 있는 듯한 기분 좋은 손 감각을 제공합니다. 또한 이런 힘의 원리로 자신이 원하던 비거리와 방향이 이루어지는 경우가 많습니다. 그러므로 골퍼가 연습해야 할 것은 원심력을 만들기 위해 클럽을 어떻게 다룰 것인지가 돼야 합니다.

진동하는 물체

클럽을 다루려면 클럽에 대해 알아야 합니다. 골프클럽은 그립, 샤프트, 헤드로 나뉘어 있습니다. 이 중 샤프트는 임팩트에 많은 영향을 미칩니다. 샤프트가 어떻게 움직이냐의 따라서 비거리와 터치감, 소리까지 달라집니다. 그래서 클럽을 잘 다루면 임팩트 소리가 청아합니다. 또 그것만이 갖는 공명을 느낄 수 있습니다. 마치 악기가 소리를 내듯 바이올린이나, 첼로, 가야금과 같은 울림이 골프 샷에서 느껴집니다. 왜 이런 아름다운 소리를 갖는 걸까요?

골프채의 샤프트는 현악기와 같은 진동하는 물체로 되어 있다고 합니다. 마치 파도처럼 이리저리 넘실거리며 움직입니다. 골프채를 탄탄하게 잡아 주는 것도 있지만 결국 샤프트의 주된 역할은 울리고, 진동하고, 요동치는 것입니다.

cpm

샤프트를 기계에 고정한 뒤 그 끝을 튕겨 1분간 얼마나 진동했는지 수치화시킨 것을 cpm(cycles per minute)이라 합니다. 진동이 많을수록 강한 임팩트를 전달하고 진동이 작을수록 공이 멀리 가지 못합니다. 그래서 선수들 같은 경우 딱딱하고 강한 샤프트를 사용해 진동이 많은 스윙을 합니다. 그런데 만약 이 진동하는 물체를 사람의 힘으로 꽉 잡아 버리면 어떻게 될까요? 기타 연주에서 기타 줄을 잡아버리면 연주가 끊기듯 골프채도 제 기능을 발휘하지 못합니다.

릴리즈

이와 같은 원리는 우리에게 임팩트 때 힘을 주는 것이 아니라는 사실을 증명합니다. 진동과 탄성이 살아 있는 골프채를 그대로 내버려 둘 수 있어야 파워와 아름다운 소리를 얻습니다.

미국에서 가장 중요한 책이라 불리는 『BIBLE』에는 이런 말이 있습니다.

"사람 입으로 들어가는 것이 더러운 것이 아니라 사람에게서 나오는 것이 더러운 것이다."

사람의 생각은 보통 못된 생각을 하기에 사람에게 들어오는 것보다는 사람으로부터 나가는 것이 더 더럽다는 것을 비유적으로 묘사한 말입니다.

그런데 생각뿐 아니라 신체에서 나오는 힘도 마찬가지입니다. 사람이 쥐고 있는 힘보다는 그것을 놓아 자연에 맡기는 것이 훨씬 깔끔하고 좋습니다.

실제로 골프공 두 개를 양손으로 쥐어 잡은 상태에서 공을 부딪치면 기분도 별로 좋지 않고 소리도 영 별로입니다. 오히려 공을 공중에 던져 놓고 손에서 떠나 부딪치게 하면 맑은 소리가 납니다. 당연히 손도 가볍고 마음도 즐겁습니다.

그래서 골프의 임팩트는 사람의 힘이 떠나 release(놓아 주다, 발산)로 이뤄져야 좋습니다. 이를 위해 필요한 사실은 스윙 중 절대 클럽을 잡아서는 안 된다는 것입니다. 그렇다면 클럽을 잡지 않고 타격해야 한단 말일까요. 아니면 힘을 줘야 하는 부위와 힘을 빼야 하는 부위가 다른 것일까요?

유일하게 힘을 줄 수 있는 클럽의 구심점

잡지 못한다고 해서 힘을 빼고만 스윙할 순 없습니다.

골프클럽으로 공을 보내기 위해서는 속도가 붙어야 하기 때문입니다. 자동차에 액셀러레이터가 있듯 골프채에도 가속이 시작되는 부분이 있습니다. 바로 그립입니다. 유일무이하게 사람과 클럽이 접촉되는 곳이기도 합니다. 작은 것을 잘해야 큰 것도 잘한다는 말처럼 그립 어디 부분에 어떻게 힘을 가할 것인가에 따라서 골프채의 기능도, 그것에 의한 스윙도 달라집니다.

그립에 힘이 닿는 부분

골프 그립은 동그랗기에 어디에 힘을 가할지 의문입니다. 하지만 배드민턴 라켓과 테니스 라켓은 분명 어디에 힘을 가해야 할지 보입니다. 공을 치는 면에 반대쪽입니다. 골프채도 그렇습니다.

타격면 반대부분에 힘이 가해질 때 충분한 힘이 클럽과 공에 전달될 것입니다. 그립의 오른쪽 옆면입니다.

그립 옆면과 일치하는 손

그립에 힘이 가해져야 하는 면과 일치되는 손은 오른손 바닥면입니다. 손바닥을 펼치면 손은 두 가지 종류의 뼈로 나눠집니다. 손가락뼈와 손목뼈입니다. 손가락뼈는 다섯 갈래로 나눠져 길게 뻗어 있습니다. 손목뼈는 8개의 작은 뼈들이 뭉쳐 형성되어 있습니다.

손가락뼈는 말 그대로 얇고 긴 나뭇가지를 생각할 수 있고, 손목뼈는 공동체를 형성한 단단한 돌들이 모여 있는 형상을 상상할 수 있습니다. 이를 보면 손가락뼈보단 손목뼈가 더 강함을 알 수 있습니다.

흔히 남자들이 힘을 상징할 때 손등에 있는 주먹을 보여 주지만 실제로는 손바닥에 있는 손목뼈가 훨씬 더 강합니다. 손가락뼈는 물체를 잡기 위해 발달됐고 손목뼈는 물체를 밀거나 힘을 전달하기 위해 발달됐습니다. 그러므로 클럽의 진동을 그대로 살리기 위해서는 당연히 손목뼈 부분에 활약이 필요합니다.

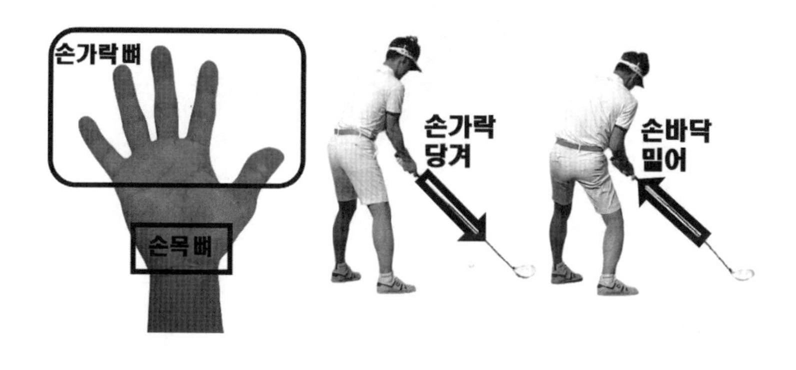

최경주 프로는 한 인터뷰에서 그립은 골프에서 상당히 중요한데 왼손이 강하면 공이 우측으로 오른손이 강하면 왼쪽으로 간다고 했습니다. 그러므로 그립은 양손의 힘이 5:5로 한쪽으로 치우치지 않게 밀착돼야 합니다. 그러기 위해 클럽이 백스윙 운동 될 때 그 반대 방향으로 오른손 바닥을 밀어준다면 클럽헤드가 뒤로 가는 힘과 손목뼈가 앞으로 가는 힘이 만나 강한 압력이 생깁니다. 그 압력이 클럽과 손을 일치시킵니다. 특히 상당한 압력을 검지가 받쳐줘야 하는데 그렇게 됐을 때 정타를 만들어내는 감각과 클럽의 진동을 그대로 보존할 수 있습니다.

타격 지점

골프는 알지 못하면 어렵습니다. 운동신경이 꽤나 있어도 어려움을 겪으니까요.

그러므로 골퍼들에게 필요한 것은 타격에 대한 이해입니다. 지적인 이해는 골프를 더 탄탄하고 깊이 있게 합니다.

골프 타격에는 다음 두 가지 특성이 있습니다. 첫째는 클럽 자체가 좀 깁니다. 다른 라켓운동에 비해 길기 때문에 힘을 가했다 하더라도 그 힘이 클럽헤드에 전달되기까지 시간이 걸립니다. 그렇다면 어떻게 해야 할까요? 방법이 있습니다. 공이 맞는 지점인 임팩트 시에 그 힘을 전달하려 하지 말고 그 전에 힘을 전달해야 합니다. 시간차가 존재한다는 것을 인정하는 것입니다.

둘째는 힘의 전환입니다. 클럽은 사람의 힘을 받고 원심력을 만들려 합니다.

사진처럼 검은 선 위에서 힘이 쓰인 후 그 뒤로는 사람의 힘이 원심력으로 변환되어 타격돼야 합니다.

만약 골프의 발전이 멈춰 있는 사람이라면 이 부분에 집중해야 합니다. 보통 공을 치기 전에 스윙을 백스윙, 공을 칠 때 스윙을 다운스윙이라 하는데 꼭 다운스윙 때만 힘을 쓰라는 법은 없습니다. 사진과 같이 선 위에서 힘이 쓰이기 위해 백스윙 올라갈 때 클럽에 힘을 부여하고 그 힘이 탄력으로 돌아오게 하여 공을 치는 것도 많은 도움이 될 수 있습니다. 마치 활쏘기나 태엽을 감듯 말이죠.

활쏘기는 활을 쏘는 방향이 아닌 활이 나가는 반대의 방향으로 힘을 만듭니다. 그럼에도 화살은 아주 강한 운동으로 날아갑니다.

이렇듯 골프도 공이 나가는 반대 방향으로 힘을 사용할 수 있습니다.

또 백스윙이 아닌 다운스윙 때 힘을 쓰고 싶다면 다음과 같은 원리를 이해해야 합니다. 다운스윙 때 오른팔이 굽혀진 상태에서 힘을 사용하는 것입니다. 팔이 펴진 후에 공을 치려는 생각은 자신의 몸을 제동하게 하지만, 팔이 굽혀 있는 상태에서의 스윙은 자신의 속도를 그대로 전달할 수 있게 합니다. 많은 스포츠 스타들이 큰 힘을 가하기 전 몸 전체를 웅크리는 것과 같은 이치입니다. 힘을 모아주듯, 그리고 그 힘이 원심력으로 바뀔 때 공을 타격해 보는 것입니다.

이는 마치 골퍼가 공이 있는 지점이 아닌 '공중'에 있는 '공간'에 힘을 사용해야 하는 것처럼 느껴지게 하는데, 부드러우면서 점진적인 가속을 느낄 수 있습니다. 실제로 이렇게 됐을 때 '각운동량보존법칙'에 의해 헤드 스피드가 증가합니다. 피겨스케이팅 선수가 회전을 빨리 하기 위해 팔과 몸을 모아 주는 것처럼 말이죠.

그러므로 용기 있는 타격을 위해 골퍼는 백스윙 쪽으로 탄력을 만들거나, 공중 혹은 빈 공간에 타격하는 감각을 지니는 것이 좋습니다. 이를 빗대어 선인들은 클럽을 던지라고 말했습니다.

그런데 이것만으로 무언가 부족하게 느껴집니다. 비어 있는 느낌을 내야 타격이 잘 된다는 건 알겠지만 공을 정확하게 보내는 것도 그리고 어디로 어떻게 운동돼야 하는지도 모르겠습니다.

스윙은 어떻게?

골프 스윙은 단독 학문 분야로 존재할 수 있습니다. 그 정도로 골프 스윙의 이론은 다양하고 방대하기 때문입니다.

또한 전문가들이 말하는 좋은 스윙도 계속 변화되기에 프로마다 티칭 메뉴얼이 다릅니다.

그런데 여기서 잠깐 생각해 볼 필요가 있습니다. 골프 프로들이 말하는 내용이 다르고 유행하는 스윙이 계속 변화한다는 건 프로들 모두 각각 다르게 골프를 느끼고 있다는 증거입니다. 이는 골프를 배우는 사람도 마찬가지입니다. 같은 것을 듣고 추구한다 해도 사람의 생김처럼 다를 수밖에 없습니다. 천태만상(千態萬象)이란 말은 골프계와 너무 잘 어울립니다.

그러므로 특정 프로 모델의 스윙 동작을 따라하는 건 손해일 뿐입니다. 자신과 그 프로는 다른 사람이니까요. 그렇다면 스윙은 어떻게 해야 하는 것일까요?

사람들은 다양하게 존재하지만 그중 유난히 괜찮은 향기를 풍기는 사람들이 있습니다. 그들을 보고 우리는 보통 좋은 사람이라고 말합니다.

스윙도 마찬가지입니다. 모두가 신체 조건과 운동신경이 다르지만 그들 중 유난히 괜찮은 느낌을 주는 골퍼들이 있습니다. 이들은 왜 좋은 느낌을 풍길까요? 간단합니다.

괜찮은 사람들, 괜찮은 스윙

괜찮은 사람들은 상황에 맞춰 지나치지도 모자라지 않게 행동합니다. 괜찮은 스윙도 그렇습니다. 어느 한 부분이 과하지 않게 균형 잡혀 있습니다. 이는 기점으로 설명될 수 있습니다.

기점은 기준점을 줄인 말입니다. 어드레스 때 골퍼는 공의 방향을 조준하는 에임(aim)을 합니다. 그리고 백스윙된 클럽이 다시 그 상태로 돌아오게 되면 공은 조준한 방향으로 날아갑니다. 즉 클럽이 처음 놓아져 있던 본연의 상태로 임팩트 될 때 원하는 방향으로 공이 날아갑니다. 따라서 어드레스 때 모습을 기점이라 생각하고 그곳에서 임팩트 되게끔 한다면 좌우 균형은 견고해집니다.

하지만 뭐든지 말이 쉽지 행동은 참 어렵습니다. 사람들은 보통 기점을 한참 넘어 공을 치려합니다. 그러나 이에 대해 정확한 이해가 생긴다면 행동은 자연스레 나타날 것이라 믿습니다.

기점에서 임팩트하기 위해서는 자신의 몸에 열십(+)자를 그리는 것이 좋습니다. 골프 같은 운동에서 열십자는 기준점에 도움을 주는데, 간단히 자신이 치고자 하는 타깃을 설정할 때도 그렇습니다. 다음 그림은 골퍼가 타깃을 설정할 때 생기는 일입니다.

필드에 들어서면 우리가 즐겨야 할 경관들이 많습니다. 그래서인지 막상 골프를 쳐야 할 때는 목표점이 보이지 않습니다. 목표가 불명확해집니다. 그때 페어웨이 폭에 가로선을 그은 뒤 그 중앙으로부터 세로선을 그려 자신의 볼이 있는 위치까지 이미지 라인을 그려 보는 것입니다. 생각보다 목표점이 명확해지는 것을 경험할 수 있습니다.

열십자는 이렇게 거리와 방향을 나타내는 스포츠의 좌표입니다. 두 선이 교차되기에 가능한 일입니다. 이를 어드레스한 골퍼에 몸에도 그을 수 있습니다. 이렇게 되면 공이 임팩트 되는 기점이 명확해집니다.

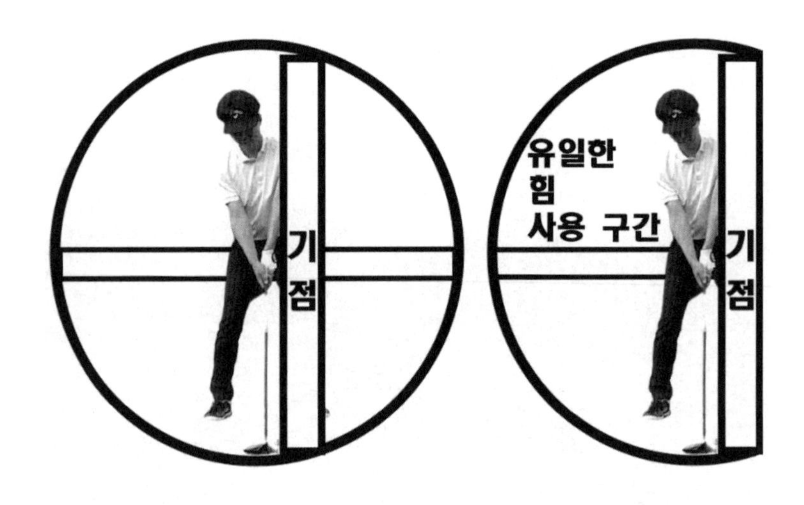

공이 있는 위로부터 그어진 선이 임팩트의 기점이 됩니다. 그 선을 중심으로 한 면을 지웠을 때 남은 면이 골퍼가 힘을 사용하고 힘을 전달할 수 있는 유일한 구간이 됩니다. 이 구간을 넘어 힘을 사용해 봤자 공에 전달되지 않으며, 자세만 무너질 뿐입니다. 그러므로 여기가 스윙의 '기점'입니다.

스윙의 운동 방향

또 열십자는 여러 의미를 포함합니다. 클럽이 다니는 길이기도하고, 운동이 이뤄지는 방향을 뜻하기도 합니다.

골프 스윙에서는 두 가지 운동 형태로 볼 수 있는데 수직 운동과 수평 운동입니다. 두 운동이 합을 이루는 것이 백스윙의 정점이고, 그 힘이 다시 공에 전달되는 것이 훌륭한 임팩트입니다.

수직 운동

코킹, 다운스윙, 다운블로우, 디센딩블로우는 골프를 하며 한번쯤 들어 볼 법한 말입니다. 임경빈 골프 해설위원은 『도끼스윙』을 출간할 정도로 이를 강조하고 있습니다. 이 책의 시작도 역시 다운스윙으로 시작되었습니다. 단순히 클럽이 위에서 아래로 향하는 다운스윙은 많은 장점이 있고 골프를 쉽게 합니다. 그래서 팔은 스윙 중 수직으로 움직입니다. 중력방향과 함께라면 더욱 좋습니다. 특히 힘이 들어가 훅이 나는 골퍼들에게 수직 운동은 방향성을 정진시킵니다. 금메달리스트인 박인비 선수는 수직적인 부분이 눈에 보일 정도입니다. 이 선수의 방향성은 최고라 할 수 있습니다. 또 정확도가 높은 많은 선수들이 수직적인 스윙을 합니다.

곡해되는 부분은 선수들의 스윙 영상을 측면에서 보게 될 때입니다. 측면에서는 대각선의 방향으로 클럽이 뒤로 돌아 오는 것처럼 보일 때가 있습니다. 이것은 토크(torque)라 하여 그립과 클럽헤드 사이에서 일어나는 회전력 때문입니다. 또 클럽이 처음부터 대각으로 기울어져 있었으며 공을 치며 일어나는 회전력과 원심력으로 인해 생기는 시간차 현상입니다. 따라서 골퍼가 힘을 가할 때 손을 뒤로 눕혀야 되는 것은 아닙니다. 따라서 팔은 수직적인 운동을 합니다. 마치 검도선수가 죽도를 높은 데서 아래로 내려치듯 팔과 팔 사이에 클럽헤드를 위치시켜 팔을 중력과 함께 내린다면 그 힘이 고스란히 클럽헤드에 전달될 수 있습니다.

수평 운동

단순히 클럽을 위아래로 움직인다면 내려치는 가속은 이용 할 수 있지만 공을 타깃으로 보낸다는 생각이 들지 않습니다. 또 손만 위아래로 움직인다면 에너지의 한계가 있습니다. 그래서 골프교습에는 어깨와 골반을 돌리고 오른쪽으로 체중이동을 하거나 꼬임을 만들라고 합니다.

이런 동작들은 주로 수직적인 움직임보다 수평방향으로 이뤄집니다. 이렇게 움직여 나타나는 에너지의 특징은 사람의 큰 몸이 사용되기에 파워를 증진시킵니다. 또 큰 몸이 사용된다는 것은 사람의 팔을 부드럽게 하여 채찍과 같은 순간 스피드를 낼 수 있도록 합니다.

즉 수평 운동이 수직 운동에 힘을 더합니다. 따라서 골프 스윙은 수평 운동과 수직 운동이 합쳐진 운동입니다. 다음 그림은 그것을 표현하고 있습니다.

물리적인 두 힘이 하나로 만나 있습니다. 그러나 두 동작이 만나서 합을 이룬다는 것이 그리 쉬운 일만은 아닙니다. 마치 로미오와 줄리엣의 사랑처럼, 만나고 싶지만 엇갈리기 쉽습니다. 전혀 다른 방향으로 움직이는 힘이기 때문입니다.

그럼에도 이런 동작을 유난히 쉽게 잘하는 전설들이 있었습니다.

최고의 골퍼들의 스윙 방법

'샘 스니드' 선수는 역대 골프계에서 가장 우승을 많이 한 선수입니다. 또 한 해의 평균타수를 가장 낮게 기록했을 때 받게 되는 '바든 트로피'를 세 번이나 수상하였습니다. 이는 우승할 때만 반짝 빛나는 실력을 가진 게 아닌 큰 기복 없이 잘 했다는 것을 증명합니다. 그만큼 이 선수는 상상 이상의 실력을 갖고 있었습니다.

이 전설은 스윙을 시작할 때 약간 특이한 동작을 선보입니다. 오른쪽 골반을 안으로 잡아당깁니다. 정확히 표현하면 오른쪽 다리가 왼쪽으로 살짝 갔다가 탄력을 이용해 다시 오른쪽으로 보내어 골반이 오른쪽을 쳐다보듯 열어 줍니다. 마치 이 동작만 하게 되면 자신의 몸이 공이 있는 면이 아닌 오른쪽 면을 보게 될 것 같습니다.

보통은 공에 집중하기 위해, 그리고 견고한 축을 잡으려 머리나 하체를 최대한 공쪽에 고정한 채 골프 스윙을 배웁니다. 그런데 이 전설의 선수에게는 그런 모습이 보이지 않습니다. 오른쪽 골반을 편안하게 이완하듯 열어 주며 오른쪽 다리에도 버티려 하는 힘이 느껴지지 않습니다. 연습장 주말 골퍼들이 오른쪽 다리에 안간힘을 주며 고정시키는 모습과는 너무 대조되는 모습입니다.

두 가지 힘이 만나기 위해

왜 이런 동작을 취하는 것일까요? 보통 최상급 선수들은 어떤 행동이 좋은 결과를 도출 할 때 그 동작을 반복하는 습관을 지니고 있습니다.

이를 '조건학습'이라 하는데 좋은 결과를 만든 과정을 반복하게 되는 걸 말합니다. 그렇다면 이 동작이 골퍼에게 주는 이점은 무엇일까요?

전설의 선수라면, 역대 최대 PGA승수를 쌓은 선수라면 감각적으로 팔과 클럽이 수직적으로 움직여야 가장 빠르고 공도 정확하게 간다는 사실을 알 수 있었을 것입니다. 그런데 어드레스 상태에서 클럽만 수직으로 들어 올리면 무언가 어색합니다. 아니 공을 칠 수 없습니다. 그렇게 되면 공이 타깃으로 가기보단, 내 앞에서 잠깐 튀어 오르고 말 것이기 때문입니다. 그런데 수직으로 클럽을 든 상태에서 만약 몸이 오른쪽을 바라보듯 골반과 상체가 우측을 향해 같이 열린다면 상황은 완전히 달라집니다.

이렇게 되면 인체의 회전과 맞물려 수직적인 힘을 공에 전달할 수 있는 각도가 형성됩니다.

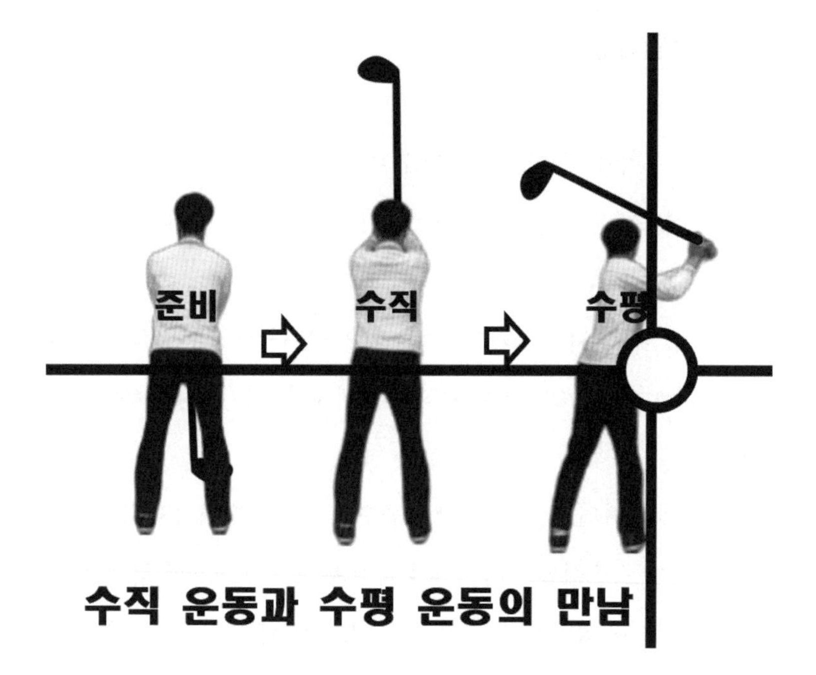

클럽이 올라오고, 몸이 오른쪽을 보듯 회전한 모습은 수직선과 수평선에 교차점을 만듭니다.

교차점은 수직 운동과 수평 운동의 만남으로 둘의 운동을 하나로 만들어 줍니다. 이때부터는 몸의 수평적 움직임이 클럽의 수직 운동으로 잘 전달됩니다. 그래서 몸을 마음껏 사용할 수 있습니다. 스니드 선수는 자유로운 몸의 움직임을 통해 비거리와 방향에 큰 재능을 갖출 수 있었습니다.

물론. 스니드 선수의 시작방법은 클럽의 추진력을 위한 것이라고 학자들은 정의했습니다. 그것도 맞는 말이지만 그것 외에 이런 요소가 숨어 있습니다. 그리고 스니드 선수는 분명 공을 멀리 보내고자 하는 의도에서 이런 동작이 생겼을 것입니다.

혹시 타이거 우즈도?

그럼 다시 책의 시작으로 가 볼까요? 책의 시작에서 나온 또 다른 전설인 타이거 우즈가 오른쪽 다리를 고정하여 사람들이 이를 따라하다 피해를 본다고 했습니다. 그런데 과연 타이거 우즈는 다리를 고정시킨 것일까요?

혹시 샘 스니드처럼 무엇을 의도하기 위해 몸이 반응하고 있던 것은 아닐까요? 타이거 우즈의 스윙 기술 중 가장 빛나는 것은 '스쿼트 다운(Squat down)'입니다. 스쿼트 다운이란 클럽을 내려치기 전 몸을 지면이 있는 곳으로 낮추는 것입니다. 보통 공을 아주 강하게 치는 선수들에게 나타나는 동작인데, 지면에 자신의 힘을 미리 가해 힘을 응축한 뒤 공을 가격하는 타법입니다.

샘 스니드 선수는 오른쪽으로 몸을 열어 클럽을 수직적으로 내려가게 했지만 타이거 우즈 선수는 지면의 반동력으로 클럽이 내려지게 했습니다.

또 지면에 자신의 체중을 눌러 줌으로써 오른쪽 힙이 원래 있던 위치보다 뒤로 밀려났고, 이 동작이 수평 운동과 공간을 만들어 수직과 수평에 교차점[1]을 이뤘습니다.

〈샘 스니드 선수와 타이거우즈 선수의 수평 운동 비교〉

스니드 선수는 회전과 하체의 움직임으로, 타이거 우즈 선수는 지면에 자신의 하체를 눌러 수평적인 힘을 만든 것입니다. 물론 타이거 우즈 선수는 전성기인 2000년도까지는 이러한 방법으로 수평 운동을 하지 않았습니다. 그때 당시에는 긴 팔을 이용하기 위해 오른발 쪽으로의 체중이동으로 수평 운동을 하였습니다.

---

1 수직과 수평의 교차점: 팔과 클럽이 수직으로 내려올 수 있도록 하는 공간 확보와, 반동적으로 움직이는 수평 운동의 힘이 클럽에 전달될 수 있도록 하는 이상적인 모습.

〈어릴 적과 전성기 적 타이거우즈의 모습〉

2000년 이후 강력한 웨이트트레이닝을 통해 타이거 우즈의 수평 운동은 변했습니다. 결국 이들은 자신들의 상황에 맞게 가장 힘쓰기 쉬운 방법으로 몸을 수축시킨 것입니다.

이렇게 수평 운동에는 골반을 우측으로 돌리거나, 이동하거나, 아래로 낮추는 동작들이 있는데 훌륭한 선수들은 이런 동작들이 몸에서 흘러나오게끔 그대로 두었습니다.

우리도 마찬가지입니다. 공을 잘 치기 위해 선수들의 동작을 따라하는 게 아닌 몸에서 이러한 동작들이 흘러나올 수 있게 해야 합니다. 그랬을 때 원심력은 물론 실전에서의 강한 타격이 가능합니다.

그렇다면 우리와 같은 일반인은 어떻게 수직과 수평적인 힘을 동시에 만들어 낼 수 있을까요?

일반인의 골프 학습

전설이라 불리는 천재들은 본능적으로 필요한 감각을 만듭니다. 우리는 그런 본능이 없습니다. 그래서 이해하고 만들어야 합니다. 이해가 동반된 학습은 영원히 할 수 있다는 장점이 있습니다. 본능으로 깨닫는 사람들은 자신이 어떻게 하는지 몰라 그냥 하지만 지적으로 이해한 사람들은 자신이 어떠한 원리로 움직여지는지 알 수 있습니다. 그래서 슬럼프가 왔을 때 쉽게 극복합니다. 아는 것과 모르는 것에 차이입니다.

누구나 할 수 있는 운동

달리기를 하면 전신이 움직입니다. 그렇다고 달릴 때 전신을 움직인다고 생각하지 않습니다. 단지 앞으로 가기 위해 마음껏 뛸 뿐입니다. 앞으로 가겠다는 목적이 우리 몸을 움직이고 그에 필요한 몸동작을 이끌어냅니다.

그럼 골프 스윙은 어떤가요? 골프 스윙도 몸의 전신이 쓰입니다. 골프를 배우다 보면 어깨를 90도까지 돌려야 한다, 팔은 어디로 가야 한다, 다리를 고정해야 한다 등 각종 정보가 넘쳐납니다. 그 정보들이 틀렸다고 할 수 없으나 스윙 중에 이것을 다 지킬 수 있을지 의문입니다. 아마 특출한 재능이면 모를까 이것을 다 지켜야 한다면 골프를 즐길 수 있는 사람들은 현저히 줄어들 것입니다.

골프는 누구나 할 수 있는 운동입니다. 서 있을 수 있고 걸을 수만 있다면 모두가 가능합니다. 다음과 같은 자동현상을 이해한다면 말이죠.

자동현상

뒤에서 누군가 불렀을 때 사람은 고개를 돌립니다. 정확히 말하면 고개를 돌리는 방향으로 몸을 돌립니다. 이런 움직임을 반사 신경 또는 반사적인 움직임이라고 합니다. 보통 운동에서는 이를 리플렉스(reflex)라고 합니다. 리플렉스는 자신이 하고자 하는 운동을 적극적으로 돕습니다.

사람이 걷기를 쉽게 할 수 있는 것도 오른발이 앞으로 나가려 할 때 왼쪽 몸은 자동으로 지면을 디디며 몸을 열어주기 때문입니다.

이런 부분은 정말 인간이란 생명체가 섬세하고 기이한 능력을 갖고 있음을 분명하게 합니다. 최첨단 로봇들에게 심고자 하는 센서도 사람의 움직임이 모티브가 됩니다. 이 능력으로 골프 스윙에서 필요한 부분이 모두 만들어질 수 있습니다.

자동현상 활용법

활용법은 의외로 간단합니다. 자동현상을 원하는 몸의 부위를 생각하지 않는 것입니다. 간단히 말해 몸의 이완입니다.

부산에는 골프의 힘 빼기만을 주구장창 연구한 김제성 프로가 있습니다. 이분은 힘 빼기에 대해 이렇게 말하였습니다.

"숨을 한번 쉬어 볼게요. 이번엔 코로 한번 쉬어 보세요~ 자 어떤가요? 코에 힘이 들어갔죠? 그런데 당신은 좀 전까지 코에 힘을 빼고 숨을 잘 쉬고 있었어요. 의식하는 순간 힘은 들어갑니다!"

맞습니다. 의식하는 순간 힘이 들어갑니다.

"의식하지 않고 몸이 이완되면 몸은 사람이 원하는 동작을 적극적으로 도우려 한다."

자동 어깨 턴

흔히 백스윙을 할 때 어깨를 90도 이상 돌리는 것을 어깨 턴이라고 합니다. 많은 사람들이 어깨 턴을 강조합니다. 비거리에 많은 부분을 차지한다고 말합니다. 프로들이 하고 있는 이 자세. 이들은 이것을 인위적으로 만든 것일까요? 처음에는 그랬는지 모릅니다. 그런데 한 번도 골프를 배우지 않은 마스터즈 챔피언 '부바 왓슨' 선수는 어떻게 어깨 턴을 120도까지 하는 것일까요.

두드리면 열립니다. 자극되면 열립니다. 클럽이 오른쪽으로 회전하려 하면 몸은 오른쪽으로 돌아갑니다. 왼팔이 이동하면 어깨도 따라서 움직입니다. 굳이 억지로 몸을 꼬려고 하지 않아도 운동되는 방향으로 내 몸은 길을 열어 주게 되어 있습니다. 힘을 사용하는 위치가 공이 있는 쪽이 아니라 기점에서 오른쪽임을 알게 되면 더 쉽게 되기도 합니다.

즉 백스윙 시에 왼쪽 몸에 힘을 이완해 줄수록 턴은 아주 쉽게 해결됩니다.

자동 지면 반력

타이거 우즈의 장점은 지면 반력입니다. 지면 반력이란 땅을 디뎌서 강한 반동력을 얻는 기술입니다. 장타도 여기서 나옵니다. 그런데 이 동작을 만들려 하면 몸이 땅에 뿌리박히고 클럽은 공이 아니라 땅을 멋지게 팝니다.

사람은 저항할 때 힘이 생긴다고 합니다. 그리고 저항하기 위해서는 무언가 잡아야 할 것이 있습니다. 넘어지지 않기 위해, 미끌리지 않게 손잡이를 꼭 잡는 것처럼요.

멀리 보내기 위해서는 클럽의 운동에너지가 필요합니다. 그래서 백스윙 때 힘차게 클럽을 움직입니다. 그리고 그것을 다시 다운스윙에 전달하기 위해서는 저항해야 합니다. 어디다 저항해야 할까요. 지면을 디뎌야 합니다. 디딜 수밖에 없습니다. 딛지 않으면 백스윙으로 가는 운동에 내 몸이 떠밀려 갈 테니까요.

나아가 고수들은 타격하는 순간 자신도 모르게 지면을 딛습니다. 지면 반력은 힘을 전환하기 전에 나타나는 저항력이자 도움닫기입니다.

자동 로테이션, 코킹

양 팔이 회전하면서 교차되는 걸 로테이션이라고 합니다. 손목과 팔꿈치가 꺾이는 걸 코킹이라 합니다.

팔은 노뼈와 자뼈라는 두 가지 뼈가 교차되어 구성되어 있습니다. 이로 인해 양팔은 자유롭게 회전합니다. 의학용어로 슈피네이션(supination)과 프로네이션(pronation)이라 합니다. 이 기능으로 팔은 넓은 범위를 운동합니다.

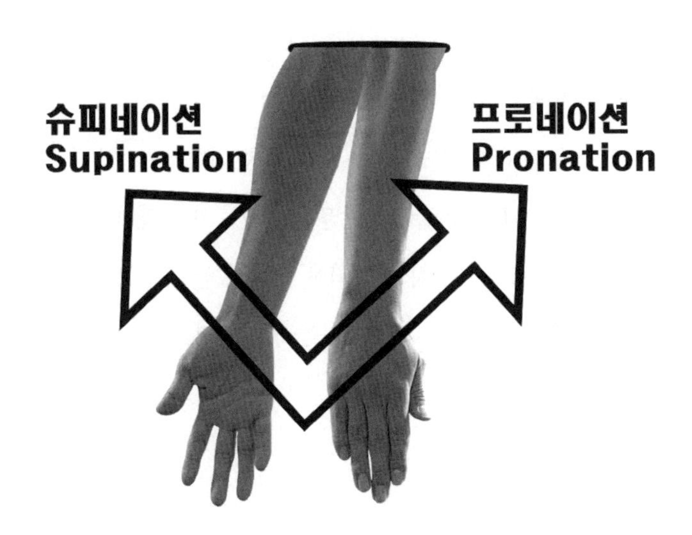

양팔이 이렇게 회전되며 손목 역시 360도 회전을 쉽게 합니다. 따라서 인위적인 동작보다 몸 전체의 커다란 움직임과 멈춤 동작만으로 팔과 클럽이 회전되며 코킹 될 수 있습니다. 원심력을 받은 물체가 휙휙 돌아가듯 말이죠. 우리 몸이 그렇습니다. 그렇다면 골프 스윙은 어디에 신경 써야 할까요?

식사하기

사람은 밥을 먹기 위해 수저를 뜹니다. 배우지 않아도 곧 잘 하게 됩니다. 수저에 음식을 담고 입으로 가져오기 위한 과정을 먹고자 하는 의지만으로 시행합니다.

수저에 움푹 파인 부분이 보이기에 쉽게 음식을 뜨는 행동을 할 수 있었습니다. 골프도 이렇게 할 수 있어야 합니다. 수저가 움푹 파인 모양임을 아는 것처럼 골프채가 어떻게 생겼는지 알아야 합니다.

자동현상과 골프채가 원하는 동작을 위해서 알아야 할 사실은 클럽헤드가 스윙 중 샤프트에서 분리된다는 점입니다.

클럽헤드

클럽헤드는 상대적으로 무겁습니다. 결정적 순간 공에 힘을 가하기 위해 묵직하게 존재합니다. 호랑이가 먹이를 잡을 때 자신의 몸을 웅크리고 있다가 한번에 덮치는 것처럼 말이죠.

분명 헤드는 클럽과 하나로 되어 있지만 임팩트 때 독립적으로 분리됐다가 돌아옵니다. 골프채의 구조를 봐도 샤프트와 헤드는 각기 다른 물체가 결합된 완성체입니다. 다른 물체가 결합됐다는 것은 결합될 때 생기는 교차점이 있다는 것이고, 그것이 우리의 손목처럼 스냅을 만들어 줍니다. 즉 클럽헤드는 총처럼 빠르게 튕겨 나갔다가 제자리로 돌아오는 성질을 가지고 있습니다.

골프채와 활 쏘기

물론 헤드와 샤프트는 에폭시라는 초강력 접착제로 붙어 있어 순간 분리가 되더라도 빠져나가지 않습니다. 다만 헤드를 물고 있는 샤프트 부분이 휘어졌다 돌아옵니다. 이는 마치 화살이 활에서 날아가듯 헤드가 타깃으로 나가게 합니다. 재미있게도 헤드가 튕겨 나가기 전 샤프트는 최대한 당겨진 활시위처럼 휘어졌다 펴집니다. 그래서 타격 전 선수들의 모습을 보면 휘어져 있는 샤프트와 그 힘을 기다리는 클럽헤드를 볼 수 있습니다.

활은 화살을 멀리 보내기 위해 활시위를 최대한 팽창시킵니다. 골프채의 헤드도 빠른 헤드스피드를 위해 샤프트가 휘어지기를 기다립니다. 그렇다면 우리가 해야 할 일은 무엇이 될까요?

골프를 친다는 건?

할 일은 간단합니다. 클럽을 휘어지게만 하면 됩니다. 공을 치는 것도 좋지만 공을 편하게 치기 위해 클럽을 휘어지게 한다는 생각이 스윙의 현명함을 만들어 줍니다. 딱딱한 클럽이 어떻게 휠 수 있는지 의아하기도 하지만 아무리 딱딱한 샤프트더라도 무거운 헤드를 샤프트 끝 부분에 달아 놓았기에 클럽은 잘 휘어집니다. 그렇다면 어떠한 움직임이 클럽을 수월히 휘게 할까요?

최고의 골프 레슨

어니엘스 등 수많은 최고의 선수를 길러 낸 데이비드 리드베터는 교습의 전성기 때 이런 말을 했습니다. "클럽은 강아지 꼬리처럼 흔들려야 한다."

강아지 꼬리가 흔들리는 모습을 보면 쉴 새 없이, 그리고 일정한 리듬으로 움직이는 것을 볼 수 있습니다. 클럽의 휘어짐을 쉽게 유도하는 연상입니다. 요즘은 이를 위해 스윙연습기도 많이 출시되고 있습니다. 물렁물렁한 고무 대에 무거운 추를 끝에 달아 연습하는 도구입니다. 또 고수들은 밧줄을 그립에 묶어 마치 채찍을 치듯 훈련합니다. 이런 감각들이 모여 스윙 중 클럽을 쉬이 휘어지게 합니다. 그리고 이 감각들을 한마디로 요약하자면 '흔들기'입니다.

이에 대한 감각을 최고의 스트라이커인 벤 호건은 이런 명언을 통해 전했습니다.

"두 손은 클럽을 쥘 뿐 클럽을 휘두르는 것은 팔이다. 그리고 그 팔은 몸에 의해서 휘둘러진다."

'흔들기'의 방법론

골프채는 흔들어 줄수록 제 기능을 발휘합니다. 그래야 휘어지고 진동합니다.

그렇다면 골퍼가 골프를 학습하는 과정은 흔들기를 학습하는 과정이라 볼 수 있습니다. 이를 익히기 위해서 힘을 빼야 하는 부분과 힘을 줘야 하는 부분을 명확히 하는 것이 좋습니다.

힘이 빠져야 하는 부분

완전히 힘이 빠져야 하는 부위가 있습니다. 손과 손목입니다. 손과 손목은 클럽과 사람의 유일한 연결점입니다. 몸에서 만들어진 힘이 전달되는 통로이기도 합니다. 왼손은 클럽을 낚아채어 임팩트의 기준이 되고, 오른손은 클럽 가속이 지속되도록 돕습니다. 하지만 이런 동작은 순식간에 일어나는 동작이며 거대한 축인 몸으로부터 힘이 전달되는 과정이기도 합니다.

따라서 이완된 움직임을 통한 자연스러운 동작이어야 합니다.

이는 꼭 골프뿐 아니라 다른 운동에서도 통용되는데, 축구공을 잘 차는 선수들은 발에 힘을 빼고 무릎을 흔들어 대퇴부의 힘을 실어 차고, 당구를 잘 치는 선수들도 손과 손목을 이완시켜 팔꿈치 중심으로 공을 칩니다. 골프 선수 중에서는 로리 맥길로이 선수의 운동 모습을 보면 확연히 느껴지기도 합니다. 그의 타격 후 모습은 우아하면서도 부드럽게 자신의 클럽과 팔이 선을 그리며 휘감아지는 것을 볼 수 있습니다. 이런 동작은 이완 없이는 절대 불가능한 동작입니다.

손목 이완이 주는 선물

손목의 이완은 가속뿐만 아니라 골퍼의 스윙을 편안하게 합니다. 골프를 하며 가장 어려운 것은 스윙이 여러 방향으로 움직여야 한다는 것입니다. 특히 수직과 수평 운동을 동시에 한다는 건 쉽지 않습니다. 그런데 손목의 이완으로 이 모든 게 하나로 통합될 수 있습니다. 앞서 봤던 손목의 슈피네이션과 프로네이션 기능 덕분입니다.

팔의 기능

헤드의 움직임이 골퍼의 폼을 만들어 줍니다. 순서는 이렇습니다. 시작 시에 힘을 사용해 클럽헤드를 추진력 있게 출발 시킵니다. 그러고 나서 손과 손목에 힘을 빼 줍니다. 이렇게 되면 클럽헤드에는 약간의 가속이 생깁니다. 관성력 때문입니다. 이때 생기는 헤드의 운동이 팔을 회전시키고 손목을 위로 올라오게 합니다.

이완된 팔이 돌아가는 조건으로 골프에 필요한 자세가 만들어지는 걸 알 수 있습니다. 골프에서는 자연스러운 움직임이 좋은 스윙이라 합니다. 자동 백스윙은 이렇게 만들어집니다.

그럼 이제 어떻게?

자동으로 만들어진 백스윙이라면 골퍼는 공을 치는 다운스윙에 더 집중할 수 있습니다. 또한 손목이 이완되면 골퍼가 클럽을 위아래, 좌우로 흔들 때 생겨나는 진폭이 손에 '압력'으로 이어지고 그 압력이 스윙을 쉽게 합니다. 이는 원심력이 생기는 과정이기도 합니다. 즉 사람의 힘이 원심력으로 바뀌어 클럽에 전달됩니다.

따라서 힘이 만들어지는 순서만 올바로 된다면 그 힘이 클럽에 전달되는 건 시간문제입니다.

시퀀스 (힘이 생기는 순서)

정적인 자세에서 시작하는 골프 자세는 처음부터 손에 힘을 빼기 어렵습니다. 헤드가 무겁기 때문입니다. 이때는 클럽헤드를 먼저 위로 올려주면서 스윙하면 힘이 빠지는 걸 경험할 수 있습니다.

신비한 사실은 프로 골퍼들의 90% 이상이 클럽헤드가 빠르게 위로 올라온다는 것입니다. 특히 클럽이 지면과 평행되는 부분에서 클럽헤드는 손보다 높게 측정되어 있습니다. 이를 위해 많은 프로들은 스윙을 시작할 때 클럽을 눌러라, 헤드를 던져라, 라고 말합니다. 좋은 말이지만 이를 좀 더 상세히 풀이하면 이렇습니다.

"클럽헤드를, 기다란 물통에 있는 물이라고 가정합니다. 이 물을 밑으로 힘차게 쏟아내고 싶습니다. 그래서 물통을 위로 들었습니다. 그랬더니 물이 위로 쏠려 올라갔습니다. 그리고 다시 물통을 밑으로 힘

차게 흔들었더니 물이 밑으로 대차게 쏟아져 나왔습니다."

여기서 물통은 몸이고 클럽헤드는 물입니다. 스윙 시작 시 클럽헤드를 먼저 보내면 클럽은 가벼워집니다. 그 무게가 고스란히 몸으로 오기 때문입니다. 이 상태에서 몸을 흔들어 헤드를 다시 밑으로 쏟아내는 것이 골프 스윙입니다. 이것이 힘의 순서인 시퀀스(sequence)입니다.

연습 방법

공이 임팩트 될 때 클럽헤드에는 힘이 있어야 하고 사람 몸에는 힘이 빠져야 합니다. 그래야 사람 몸이 아프지 않고, 공에 많은 에너지가 실립니다. 그러므로 공을 치기 전에는 사람이 지면으로부터 힘을 얻어 그 힘이 클럽으로 흘러갈 수 있도록 해야 합니다. 힘의 '시퀀스'가 잘 일어날 때 가능한 일입니다.

다음과 같은 연습은 힘의 순서를 정확히 해 줍니다.

클럽헤드가 먼저 올라갔지만 내려올 때는 클럽헤드가 사람이 딛고 있는 지면과 몸으로부터 힘을 받아 내려올 수 있도록 하는 연습입니다.

1) 준비 자세에서 클럽헤드를 오른쪽으로 던진다.

2) 던져진 클럽으로 몸에 체중은 오른쪽으로 이동된다. 이때 왼쪽 다리에 힘은 빠지며 모든 힘이 오른쪽 다리에 집중된다. 하지만 처음 있던 자리로 돌아가려는 힘의 본성으로 오른쪽으로 이동된 힘이 자연스레 원래 있던 자리인 중앙으로 돌아오려 한다.

3) 원래 위치로 돌아가려는 힘을 이용해 클럽을 공이 있는 곳으로 내보낸다.

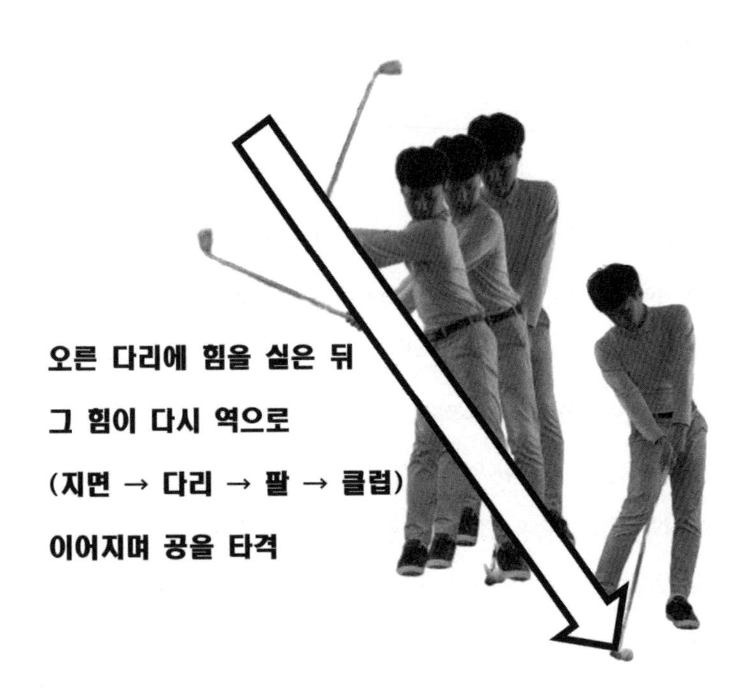

고수만이 할 수 있는 간결한 타법

이 방법 외에도 최고의 골프 샷을 이끌어 내는 방법은 많습니다. 그 중 고수들의 방법 중 하나는 이렇습니다. 마치 골프를 처음 배울 때 하는 '똑딱 볼' 같은 느낌으로 스윙하는 것입니다. 물론 골프에 대한 이해와 필요한 체력이 받쳐 줘야겠지만 이는 공을 치는 능력을 굉장히 향상시켜 줍니다. 골퍼의 움직임을 최소화시키면서 클럽의 운동은 최대가 되기 때문입니다.

단순히 '가운데' 중심을 잡고 오른쪽 왼쪽 클럽을 왔다 갔다 하는 것입니다. 물론 앞서 보았던 오른쪽으로 간 클럽이 다시 돌아오려는 리듬을 이용해야 좋습니다.

이어지는 짧은 스윙

'아니 근데 그렇게 되면 백스윙이 다 안 되지 않나요?'라는 생각이 들 수 있습니다. 하지만 골프클럽은 사람의 손보다는 관성에 영향을 더 많이 받습니다. 사람이 백스윙을 시작하면 클럽은 계속해서 움직이려 합니다. 여기에 오른쪽으로 운동되는 클럽이 다시 왼쪽으로 돌아가려 할 때 생기는 저항력은 클럽을 팽창하여 에너지를 극대화합니다. 골퍼는 그 힘에 약간의 가속을 붙여 타깃 방향으로 내보내기만 하면 됩니다.

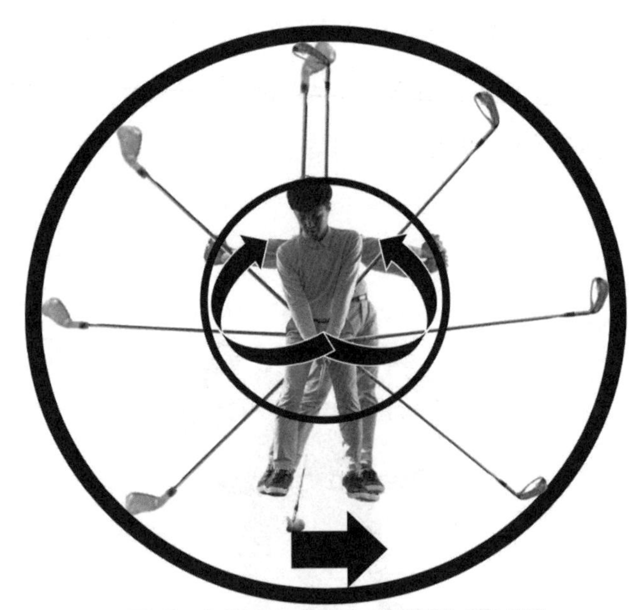

짧은 스윙으로부터 파생된 에너지

이렇게 됐을 때 좋은 점은 인간의 인위적인 동작이 상당수 사라지고, 스윙이 타깃 방향으로 진행되며 생각이 단순해진다는 것입니다.

이는 일관된 플레이로 연결됩니다. 당연히 롱 게임의 자신감이 생기고 스윙의 균형이 튼튼해집니다.

골퍼의 다짐

골퍼는 자신이 어떻게 쳐야 할지 확실히 정한 뒤 골프채를 잡아야 합니다. 자신이 해야 할 일을 명확히 아는 사람은 모호해지지 않기 때문입니다. 건강한 골프를 위해서는 타인, 환경, 편향된 생각, 욕심과 같은 방해 속에서 자신의 일관된 스윙을 필요로 합니다.

이를 위해 공 앞에서 할 일은 간단합니다. 클럽을 흔들어 짧은 순간 샤프트가 활처럼 휘어지게 하면 됩니다. 그리고 휘어진 클럽을 공에 전달하면 됩니다.

그 방법 중 하나는 딛고 있는 땅을 트램펄린(바운스가 일어나는 곳)이라 생각하고 다리가 땅으로부터 튕겨지는 것과 팔이 클럽을 휘두르는 동작을 동시에 하는 것입니다. 이렇게 되면 땅에서 올라오는 다리의 힘과 하늘에서 내려가는 팔의 힘이 만납니다. 그렇게 두 가지 동작이 동시에 일어나면 공진이 일어납니다. 이 동작은 어려운 동작이 아닙니다. 다만 평소에 하지 않는 동작이기에 어색한 동작이라 느낄 수 있습니다. 물론 이 동작은 몸에 힘을 빼야 가능합니다. 이 두 동작이 만나는 느낌은 생각보다 골프를 쉽게 합니다. 또 골프에서 필요로 하는 자세들도 나타납니다. 힙턴, 벽을 세워라, 팔을 뻗어라, 코킹과 리코킹을 해라 등 이러한 자세들이 여기서부터 생겨납니다.

달리기를 할 때 앞으로 가야겠다는 생각이 팔을 좌우로 흔들고 골반을 움직이게 하고 다리를 뻗게 만드는 것처럼 말이죠. 어떤 의도로 어떻게 움직이냐의 따라서 자세가 나타납니다.

골프 천재들의 감각

그러므로 골프를 잘하는 사람들일수록 동작을 복잡하게 생각하지 않습니다. 오히려 본능에 충실하듯 타깃 지향적인 골프를 선호합니다.

또 동작이 단순하기에 스윙에 슬럼프를 겪지도 않습니다. PGA TOUR라 불리는 골프의 별들이 모여 있는 선수들, 클럽챔피언이라 불리는 아마추어 고수들에게서 느껴지는 향기입니다. 이들은 목적 자체가 공을 맞추는 데 있는 게 아닌 클럽을 휘두르는 데 있기에 두려움이 없습니다.

다행히도 이런 방법은 누구나 할 수 있습니다. 공 앞에서의 목적이 공을 맞추거나 목적지에 보내는 게 아닌 '클럽을 축으로부터 흔든다'

로 바뀌면 누구나 수재가 될 수 있습니다. 골퍼는 클럽헤드를 다루는 게 아니라 그립과 샤프트를 다루는 사람입니다. 그러므로 그 샤프트가 충분히 찰랑거릴 수 있도록 혹은 좋은 샷이 나오는 고유진동수에 걸맞게 공명시키는 것이 골퍼의 임무입니다.

"백스윙 탑에 올라가서
공을 치는 게 아니라 클럽을 '흔든다'로,
공을 치기 전 몸을 이완하고 클럽을 '흔든다'로,
공 앞에 서서 공을 향해 골프채를 '흔든다'로"

생각이 변화한다면 더 이상 두려울 게 없습니다. 처음에 잘 안 되더라도 라디오 주파수를 맞추듯 몇 번 해 본다면 금방 감을 익힐 수 있습니다.

이런 타격이 들어갔을 때 손에서 느껴지는 공에 터치감과 헤드와 공이 진동하여 만들어 내는 소리는 정말 사람을 기분 좋게 합니다.

강물은 좁은 데서 넓은 데로 흘러가지만 사람의 에너지는 가장 큰 곳에서부터 작은 곳으로 흘러갑니다. 순리에 맞는 감각을 발현하는 사람들을 우리는 운동의 천재라고 부릅니다. 골프에서 중력은 위에서 아래로 흐르고 골프채의 모양은 두꺼운 그립부분이 얇은 팁 부분을 흔들게 돼 있습니다. 우리의 두꺼운 팔이 얇은 손목을 흔드는 것처럼.

진동

앞서 기억나시나요? 골프채의 샤프트는 진동하는 물체란 사실을요. 샤프트는 둥글고 안이 비어 있어 진동을 수월히 합니다.

만약 골프를 치며 딱딱함을 경험하고 있다면 샤프트의 원래 상태인 딱딱한 상태에서 임팩트 되고 있는 것입니다. 그러므로 경쾌한 샷과 만족하는 결과를 위해 골퍼의 주된 목적은 오직 샤프트를 진동시키는 데 있어야 합니다.

그렇다면 진동을 만들어 내는 파동은 어떻게 만들어질까요? 자연적으로 파도를 보면 쉽게 이해할 수 있습니다. 넘실거리는 파도는 바다의 에너지입니다. 파도가 생기는 요인은 대표적으로 바람과 조석간만의 차이라고 합니다.

그래서 파도는 바람이 바다를 흔들 때와 달과 지구간의 중력관계로 생깁니다. 달에서도 당기고 지구에서도 당기니 물이 흔들릴 수밖에 없겠지요.

골퍼도 이런 원리로 클럽의 파동이 만들어집니다. 클럽이 백스윙 쪽으로 운동될 때 골퍼는 반대로 운동합니다. 클럽이 오른쪽으로 가면 왼쪽으로, 뒤로 가면 앞으로, 위로 가면 아래로 움직여야 합니다. 이럴 때 클럽의 휘어짐과 파동이 생깁니다. 물론 이는 힘이 빠진 상태에서 스윙이 갖는 특징입니다. 골퍼의 본향인 '어드레스' 자세로 돌아오려는 인체의 본성이기도 합니다. 그것이 스윙입니다. 이렇게 생긴 힘을 골프공에 전달한다면 상상할 수 없는 큰 힘이 전달될 것입니다. 그리고 전달하는 과정에서 진동과 같은 느낌이 필요한데, 이는 나비 효과와 같이 작은 힘이 큰 힘으로 바뀌어 전달되는 것을 뜻합니다.

지렛대 원리가 잘 적용되도록 골프채가 만들어졌기에 그립 부분에 작은 진동이 헤드 쪽의 큰 진동으로 전달되어 힘이 강해질 수 있습니다.

그래서 멋진 골프 스윙이 뭐냐고 질문한다면 그 질문에 대한 답은 이렇습니다.

"당신의 골프채가 진동되는 스윙이 가장 멋지고 좋은 스윙입니다."

마지막 근본 원리

이제 정말 마지막입니다. 인생의 끝은 철학과 함께할 때 빛난다는 말처럼 마지막은 골프의 철학으로 이해하는 것이 우리의 직관력에 도움 될 것입니다.

"골프공은 정지해 있다. 이를 죽어 있는 공이라고 표현한다. 그래서 골프를 한다는 것은 죽어 있는 공을 살리는 일이 된다."

골프의 철학입니다.

죽어 있는 공을 살려 보내는 게임이 골프라면, 이를 위해 가장 필요한 것은 무엇일까요? 추상적으로 들릴 수 있겠지만 '사랑과 생명력'입니다.

사랑이라는 온유한 마음과 골프에 대한 관심이 먼저 뒷받침 돼야 합니다. 그리고 생명력이라는 운동에너지를 공에 실을 때 공은 멋지게 비상합니다.

생명력

운동에 대한 물리적인 요인은 『유레카 e=mc』의 저자인 고중숙 교수에게서 알 수 있습니다. 그는 운동에 세 가지가 있다고 했는데, 직진운동과 회전운동 그리고 진동운동이라고 합니다. 그리고 모든 운동에는 이 세 가지가 융합되어 만들어진다고 합니다.

골프 스윙의 에너지도 이렇게 세 가지입니다. 좌우로 왔다 갔다 하는 직진(체중이동과 팔), 구심축을 중심으로 한 회전, 클럽에 진동을 부여하기 위한 반동(스냅). 이 중 가장 중요한 생명력은 무엇일까요? 딱 잘라 뭐라고 말할 수는 없습니다. 모두 중요하니까요.

그럼에도 그에 대한 답을 우리 몸에서 찾는다면 심장을 통해 알 수 있습니다. 우리 신체에 가장 생명적인 역할을 하는 심장은 편안한 상태에서 한 번의 진동으로 우리에게 생명을 공급합니다. 지구 두 바퀴 반을 돌고 올 정도의 혈관 길이를, 한 번의 펌프질로 다녀옵니다.

이런 심장의 운동은 어떠한 움직임이 효율적인 힘을 낼 수 있는지 말해 줍니다. 이는 분명 원심력을 쉽게 만들고 힘의 효율을 극대화시킵니다. 하지만 이런 운동감각이 우리에게 일반화되어 있지 않습니다. 아마도 이 감각을 형언하기 어렵기 때문일 것입니다. 그럼에도 이를 표현한다면 힘을 빼고 힘을 사용하는 감각이라 할 수 있습니다.

요약하면 '이완된 집중'입니다. 사람 몸이 이완되면 집중력이 떨어지는데, 그 상태에서도 집중력을 발휘하는 것을 표현한 말입니다.

이런 '이완된 집중'은 세상 사람들을 통해서도 볼 수 있습니다. 자신의 힘(욕심)을 빼고 스트레스를 받지 않으며 자신이 맡은 바를 덤덤히 해 내가는 사람들입니다. 그들은 유연하면서도 강인한 세상의 인재로 성장합니다.

골프에서도 부드러우면서 강인한 '이완된 집중'이 사용될 수 있습니다. 이 힘은 이완된 상태에서의 한 번의 울림으로도 사용될 수 있고, 순차적이고 가속적인 힘으로도 사용될 수 있습니다.

클럽이 움직일 때 '1 2 3 4 5 6 7 8 9 10'이라는 연속적인 힘이 있다면, 임팩트 때 10이 돼야 가장 좋을 것입니다.

그러기 위해서는 힘은 1부터 시작돼야 합니다. 만약 10부터 시작된다면 사람의 힘은 한계점이 있어 다시 1을 향해 내려가게 됩니다. 이때는 이미 내려가는 걸 막을 수 없기에 공에 가속이 전달되지 못합니다. 그래서 힘은 1에 가까운 0에서 시작돼야 좋습니다. 즉 이완되면서 타격에 집중할 수 있는 상태여야 합니다.

이를 구체화하여 본다면 공을 치기 직전의 모습을 떠올릴 수 있습니다. 오른팔은 왼팔과 클럽을 당겨 위로 올라가 접혀 있고(이완된 집중), 왼쪽 몸 역시 힘이 빠져있습니다. 즉 왼쪽 몸은 큰 힘을 기다리고 있으며, 오른쪽 몸은 힘을 모았다가 왼쪽으로 발산시키려는 자세를 취하고 있습니다. 마치 공을 향해 스매싱을 준비하듯 생명력이 넘치는 자세입니다. 순하면서도 순간적이고, 강인하면서도 온유한 이 힘의 시작이 여러분 스윙에 사용될 수 있기를 소원합니다.

II

골프의 4대 운동법칙

골프 스윙은 인위적인 자세를 정하고 그것을 따라 하기보다, 어떠한 움직임으로 어떻게 힘을 가할 것인가 그리고 힘을 주는 시점은 언제인가와 같이 움직임을 중시 할 때 변합니다. 그러므로 골프라는 예체능을 누리기 위해 자세를 암기하기보다 운동 법칙에 관심 갖는 것이 좋습니다. 그중 운동의 3법칙 정도와 힘의 법칙 하나 정도를 지적으로 알면 움직임을 더 원활히 할 수 있습니다. 의심을 확신으로 바꿔주기 때문입니다.

관성의 법칙

뛰어갑니다. 계속 뛰고 있습니다. 이제 멈추려 하는데 잘 멈춰지지 않습니다. 온 힘을 다해 멈췄지만 꿀렁이는 오뚝이처럼 앞으로 몸이 한번 쏠렸다가 돌아옵니다.

왜 멈추기 어려울까요? 반대로 이런 경우가 있습니다.

커다란 돌이 굴러가다 산 중턱에 한번 멈춰 섰습니다. 그렇게 잘 굴러가던 돌이 이젠 아무리 움직이려 해도 움직이지 않습니다. 왜 한번 멈춘 물체는 움직이지 않는 것일까요?

멈춰진 돌을 밀어 봤자 뜻대로 움직여지지 않습니다. 오히려 움직이려 하면 할수록 큰 저항을 만들어냅니다. 이를 관성의 법칙이라고 합니다. 즉, 한번 움직이는 물체는 계속 움직이려하고, 멈춘 물체는 계속 멈춰 있으려 합니다. 이런 성질 때문인지 무엇이든 물체에 사람의 힘이 작용하면 항상 저항이 생깁니다. 이 저항력을 '관성력'이라 합니다. 골프 스윙에 없어서는 안 될 힘입니다. 골프채를 휘게 할 수도 있으며, 탄성을 쉽게 만들어 줍니다. 지구가 태양을 향해 끌려 들어가는 것도 관성력과 같다고, 19세기 최고의 과학자는 말했습니다.

이외에도 관성은 많은 곳에서 함께합니다. 일이 잘 풀릴 때 계속 잘 풀리는 것, 안 될 때는 뭘 해도 안 되는 것, 관성입니다. 따라서 잘 될 때는 무얼 하든 잘 되고, 안 될 때는 잘 되게 노력해도 오히려 더 안 됩니다. 특히 골프가 그렇습니다. 심할 때는 없던 돌도 튀어나와 공을 방해합니다. 또 관성은 일상에서도 작용하는데…

성실히 일하다 잠깐 앉아 있다 보니 그대로 쉬고 싶습니다. 그리고 슬슬 눈이 감깁니다. 잠에 듭니다.

"한번 정지한 물체는 계속 정지하려 한다."

반대로 일중독에 빠진 사람이 있습니다. 주변에서 아무리 말려도, 무리하는 거라고 말해 줘도 이 사람은 들리지 않습니다. 계속해서 앞으로만 나아갑니다. 과로로 몸에 신호가 오기 전까지 말입니다.

"한번 움직인 물체는 계속 움직이려 한다."

본의 아니게 관성의 법칙은 우리 삶과 같이하고 있습니다. 그래서 관성을 이해하면 자신의 일을 좀 더 예상할 수 있고, 풀어 갈 수 있습니다. 관성은 힘의 흐름을 나타내는 것이니까요.

특히 자신이 꿈꾸던 일이 잘 되지 않을 때는 관성을 의심해 볼 수 있습니다. 자신이 추구하는 방향으로 열심히 했음에도 일이 잘 안 됐다면 관성의 흐름이 반대로 작용한다고 봐야 합니다. 그래서 잘하려고 애써도 더 큰 저항력으로 일이 꼬입니다.

이럴 땐 어떻게 해야 좋을까요? 아마 가장 좋은 방법은 다른 일을 시작하여 다른 흐름을 타는 것일 겁니다. 굳이 안 되는 걸 붙잡고 있는 것도 지혜롭지 못합니다. 그럼에도 자신이 하던 일을 이루고 싶다면 자신이 생각하는 노력 정도보다 더 많은 노력과 시간을 들여야 합니다. 저항력이 역으로 바뀌어 흐름의 방향이 바뀔 때까지 말이죠.

이렇게 했음에도 결과가 나오지 않는다면 그것은 자신의 힘으로 움직일 수 없었던 일임을 인정해야 합니다.

골프는 어떤가요? 골프는 사람의 성향과는 반대의 게임입니다. 처음부터 잘할 수 없습니다. 그래서 기다릴 줄 알아야합니다. 골프에 필요한 흐름으로 몸과 마음이 바뀔 때까지 말이죠. 몇 년 동안 안 되다가도 어느 날 갑자기 잘 되는 것이 골프입니다.

이렇듯 관성은 골프채를 쉽게 다루게도 하지만 우리가 하는 일의 흐름을 결정하기도 합니다. 세상은 참 기이한 법칙과 함께 균형 잡혀 있습니다. 우연이라 하기에는 너무 정교하게 말이죠. 이와 같은 법칙 중 또 하나는 가속도의 법칙입니다.

가속도의 법칙 f=ma

아버지가 그네를 밀어 줍니다. 딸은 재미있는 그네를 타고 싶어 아빠의 도움을 받습니다. 혼자 탈 때보다 더 탄력적인 그네를 원합니다. 그래서 아빠는 그네를 밀어 줄 때 축으로부터 가장 멀리 왔다가 다시 돌아가려는 순간 그네를 밀어 줍니다. 그 순간만이 그네를 빠르게 움직일 수 있는 적기니까요. 이런 타이밍은 가속도 법칙에 의해 증명됩니다.

가속도 법칙이란 속도는 주어진 힘에 비례하고 질량에 반비례 한다는 내용입니다. 쉽게 말해 무거울수록 속도가 느려진다는 말입니다.

이를 골프에 적용한다면 공을 멀리 보내기 위해, 무거운 헤드를 스윙 중 가볍게 날려 보낼 수 있어야 합니다. 그러려면 몸을 가볍게 해서 스윙하는 것이 필요합니다.

이는 골프뿐만이 아닙니다. 달리기에서도 목표점에 빠르게 골인하기 위해 몸에 힘을 잔뜩 주면 오히려 속도가 느려집니다. 팔의 힘을 빼고 노 젓듯이 팔을 저으며 목적지를 향해 뛰어가야 합니다. 망치질 역시 마찬가지입니다. 손에 힘을 빼고 망치 무게에 맞추어 힘을 가볍게 줄 때 오히려 망치가 큰 힘을 발휘합니다. 모두가 가속도 법칙에 영향을 받기에 그렇습니다. 빨라지려면 힘부터 빼야 합니다.

인간관계 역시 마찬가지입니다. 상대방이 너무 어려워 무거운 마음으로 상대를 대하면 상대도 자신에게 부담을 느낍니다. 당연히 관계의 발전이 어렵고 더딥니다. 오히려 가벼운 마음으로 상대를 대할 때 상대 역시 부담을 내려놓고 편안하게 다가옵니다.

그러나 말이 쉽지 이렇게 가벼운 마음을 갖는 것이 생각처럼 쉬운 것은 아닙니다. 그럼에도 거부할 수 없는 한 가지 사실은 무거운 것보다는 가벼운 게 낫다는 것입니다. 그래야 부담을 내려놓고 가속도 법칙으로 자신의 최대 능력을 보일 수 있으니까요.

어쩌면 마음을 비우고 부담 없이 샷을 했을 때 좋은 결과가 나오는 것도 이러한 가속도의 법칙이 함께하는지 모르겠습니다.

작용반작용의 법칙

가끔 중요한 퍼팅을 할 때 사람은 의기소침해집니다. 꼭 이럴 때마다 클럽헤드는 힘없이 열려 공을 엉뚱한 데로 보냅니다. 헤드가 돌아간 것입니다. 왜 그런 것일까요? 이상하지 않나요? 퍼터로 공을 쳤는데 퍼터헤드가 왜 돌아간 것일까요? 어쩌면 클럽이 공을 친 게 아니라 공이 클럽을 친 것일 수도 있습니다. 이게 무슨 말이냐고요?

성서에는 존경받고자 하면 낮은 자가 되어 존경하라고 말합니다. 금강경에서는 인과응보라 하여 자신이 한 만큼 과보가 따른다고 말합니다.

세상에는 작용반작용 법칙이라는 운동 제3법칙이 있습니다. 곧 자신이 화나는 일이 있다고 해서 벽을 치면 벽도 자신을 똑같은 힘으로 쳐 손바닥이 아픈 원리가 이 원리입니다. 보통 관계에서도 이 같은 원리가 존재합니다. 상대방과의 대화 중 자신이 웃으면 상대방도 자신도 모르는 사이에 웃습니다. 거울효과라 불리지만 작용반작용이 작용하고 있습니다. 보통 오는 말이 고와야 가는 말이 곱다는 것도, 자신에게 잘 해 준 이에게 잘 하고 싶은 욕구가 일어나는 것도 이런 법칙 속에 있습니다.

이 힘은 동시다발적으로 존재한다고 합니다. 앞에 보이는 벽을 밀게 되면 똑같은 힘의 양이 자신을 밀고 있다고 합니다. 일상에서 이런 힘을 느끼지 못하는 이유는 마찰력 때문인데 만약 지구상에 마찰력이 없다면, 정확하게 힘이 비례되는 것을 볼 수 있을 정도로 작용반작용 법칙은 정교합니다. 골프 스윙 중에도 이런 법칙은 유용하게 작용됩니다. 골프공은 아래에 있어 골퍼는 밑으로 스윙을 합니다. 이때 작용 반작용법칙이 없었다면 자신의 몸은 밑으로 고꾸라질 것입니다.

새들이 날개를 퍼덕일 때 새는 위에서 아래로 날갯짓을 하지만 그에 대한 반작용으로 공기는 새를 위로 올려 줍니다. 이처럼 골프 스윙 시에도 사람이 팔을 밑으로 스윙하면 하체는 위로 올라와 균형을 잡습니다. 우리 몸의 구조는 이런 운동이 잘 되게 구성되어 있습니다. 그러므로 골프 칠 때 몸이 들린다는 지적을 너무 예민하게 받아들일 필요 없습니다. 몸은 누구나 들립니다.

그런데 많은 골퍼들은 몸이 들리는 것을 부정적으로만 받아들입니다. 몸이 들려 공에 윗부분을 쳤다고 말합니다. 위를 치는 탑볼은 몸이 들려서보단 클럽을 임팩트 때 꽉 쥐어서(hold) 그렇습니다. 그 힘을 밑으로 풀어 준다고 생각하면 공을 치고 몸이 적당량만큼 튕겨 올라올 것입니다.

이뿐만 아니라 작용반작용은 골퍼의 정신에도 관여를 합니다. 골프 게임에서 누군가가 자신에게 갑자기 스윙이 잘못됐다는 식으로 기분 나쁘게 말하면 우리의 심리는 작용반작용처럼 그 사람을 의식합니다. 골프에 반응하는 즐거움이 아니라 타인에게 잘 보이려는 자신을 발견합니다.

자신도 모르는 사이에 내 마음이 반작용된 것입니다.

또 타인이 없더라도 스스로를 어렵게 합니다. 잘 하려는 마음이 그렇습니다. 이 마음이 생길수록 일종의 부담감과 압박감이라는 반작용이 나타납니다. 이런 것은 모두 '방해'에 속합니다. 이런 직간접적인 방해들로부터 자유로워져야 골프를 잘 할 수 있습니다.

저명한 스포츠심리학자인 밥 로텔라 박사는 골퍼가 중압감이나 골프에 방해되는 요소를 이겨 내기 위해 자신의 루틴에 집중하라고 말합니다. 루틴이란 골프 샷을 할 때 시행하는 일정한 행동과 생각들입니다. 자신이 해 오던 대로 그 루틴에 집중할 때 방해받지 않는다는 것입니다.

이를 작용반작용 법칙으로 설명한다면 자신의 루틴은 골프를 잘 치기 위한 작용이 되고 그에 대한 반작용으로 굿 샷이 나타나는 것입니다.

이는 자신이 하고자 하는 일에 미리 작용을 받는다면 다른 방해들로부터 반작용 될 틈이 없다는 뜻이기도 합니다.

자신이 무엇을 해야 되는지 알고, 그것에 집중하는 사람은 내적 동기가 강화되어 흔들리지 않습니다.

그래서 사람은 누구나 자신의 세계관을 확실히 하고 그것에 대한 신뢰를 가질 필요가 있습니다. 한가한 사람보단 바쁘게 사는 사람이 역사적인 일을 많이 하는 것도 이런 법칙이 변증하고 있습니다.

결국 심리적으로 우위에 서고자 한다면 자신의 소명의식을 명확히 하고, 자신이 해야 할 일에 에너지를 집중시켜 그로부터 나오는 긍정적 반작용으로 자신의 정신을 채워야 합니다.

에너지 보존 법칙

아주 재미있는 법칙이 있습니다. 한번 생겨난 에너지는 사라지지 않으며 그 에너지는 다른 형태로 변한다는 법칙입니다. 처음에 생긴 에너지는 위치에너지로, 위치에너지는 열에너지로, 열에너지는 소리에너지로 소리에너지는 다시 다른 무언가로 전환될 수 있습니다. 결국 세상에 사라지는 건 아무것도 없으며 그것이 계속 다른 형태로 순환됩니다. 2000년 전 누군가의 음성(소리에너지)도 지금 존재할 수 있으며, 지금 책을 읽는 당신의 말 한마디도 사라지지 않습니다.

당연히 골프에도 이 원리가 적용됩니다. 사실 많은 운동에 사용됩니다. 특히 육상종목인 높이뛰기에서 애용됩니다. 높이뛰기 선수들을 보면 자신이 정해 놓은 바를 넘기 위해 멀리서부터 뛰어옵니다. 달려오는 에너지를 이용해 바를 수월하게 뛰어넘기 위함입니다. 이것이 높이뛰기의 요령입니다. 그래서 높이뛰기는 보통 세 단계로 나뉩니다. 도움닫기, 발 구르기, 도약입니다. 도움닫기는 높이뛰기에서 달리기입니다. 열심히 달려와서 에너지를 생성하는 것입니다.

그런데 높이뛰기는 위로 점프해야 합니다. 하지만 달리기는 위로 갈 수 없습니다. 앞으로 갈 수밖에 없기에 이 에너지를 위로 전환해야 합니다. 이게 가능할까요? 가능합니다. 에너지 보존법칙 덕분입니다. 달리는 에너지를 발 구르기를 통해 위치 에너지로 전환할 수 있습니다.

이런 원리를 골프 스윙에 대입한다면 '도움닫기=백스윙' → '발 구르기=트렌지션' → '도약=임팩트(때리기)'가 됩니다. 그러므로 덩치가 작고 크고를 떠나 백스윙 때 만들어 낸 에너지를 누가 더 공에 전달할 수 있느냐 마느냐가 그 사람의 타격능력을 결정합니다.

아무리 달리기를 빠르게 잘해도 바를 뛰어넘는 에너지로 전환하지 못한다면 목표를 달성하지 못하는 것처럼, 골퍼는 자신의 에너지를 공을 치는 에너지로 전환하는 능력에 집중해야 할 것입니다.

그럼에도 사람들이 전환점에서 실패하는 이유는 자신에게 느껴지는 힘(에너지)이 모자라다고 생각되기 때문입니다. 예를 들어 자신이 보내고자 하는 거리는 150m인데, 백스윙 했을 때 느껴지는 에너지가 120m라고 느끼면 평상시보다 더 힘을 가하게 됩니다. 힘의 균형을 잃은 스윙은 스윙이 끝났음에도 힘을 주고 있는 듯한 불편한 자세로 마무리됩니다.

마치 높이뛰기 선수가 달리기를 통해 에너지를 얻었음에도 바를 넘지 않고 계속 달리기를 하는 것과 같습니다.

이 장면을 제3자가 보면 어떻게 느껴질까요? 무모하게 느껴지거나 안타까울 것입니다. 무언가 모자람을 채우기 위해 "조금 더!"를 외치다가 결국 전환해야 할 때 전환하지 못하고 준비한 것을 사용해 보지도 못하는 꼴이니까요. 에너지 보존 법칙에 대한 믿음이 없어서입니다. 만약 골퍼가 백스윙에서 충분히 힘이 느껴지지 않더라도 "자신이 올린 백스윙에 에너지는 사라지지 않는다."라는 것을 믿고 그 힘을 공을 치기 위한 다운스윙으로 부드럽게 전환한다면 목표한 거리인 150m에 플러스마이너스 5m 정도로 힘이 전달됩니다. 완벽할 순 없지만 비슷하게 전달됩니다. 이렇게 이론적으로는 쉬운 것이 에너지의 전환입니다.

그런데 왜 실전에서는 이게 잘 안 될까요? 혹시 우리는 확실하고 너무 완벽한 것만을 추구하는 것은 아닐까요? 목표한 150m에서 1m라도 떨어지기 싫은 것처럼 말이죠.

자신이 하고자 하는 일이 있는데 그 일에 준비를 못 끝냈다는 생각으로 그 일에 도전을 미룬 적이 있으십니까? 사랑하는 이에게, 혹은 부모님에게 무언가를 보여 주기 위해 자신의 완벽을 준비하는 시간이 너무 늦춰지고 있지는 않으신가요? 때가 되면 전환해야 합니다. 그렇지 못하면 넘어야 할 목표물을 두고 영원히 달리기만 하는 선수로 남을 것입니다.

여러분이 살아오며 경험한 모든 생각과 행동들은 사라지지 않습니다. 그것들은 하나의 운동에너지처럼 각기 다르게 여러분 곁에 머물러 있습니다. 이 에너지들을 모아서 삶에서 한 발짝 더 나아가는 건 어떤지 에너지 보존 법칙을 통해 생각해 봅니다.

III

내면(심리)

마음이 편해야 골프가 잘 된다.

기분이 좋아야 골프가 잘 된다.

마음이 편안하고 기분이 좋으면 살 만한 삶이 된다.

골프는 내면세계의 영향을 많이 받는 스포츠라 합니다. 사람의 내면에는 많은 감정들이 자리 잡혀 있는데 그중 대표적으로 기쁨, 슬픔, 두려움, 화, 정도가 있습니다. 골프를 하는 도중 이런 감정이 수차례 교차하며 나타납니다.

골프경기의 시간을 살펴보면 약 4시간 30분에서 5시간 정도를 경기하는데, 이때 공을 타격하는 시간은 30여 분에서 40분밖에 되지 않습니다. 그러므로 나머지 4시간 이상은 생각과 감정의 시간이 됩니다. 이 정신적인 시간이 어떻게 흘러가느냐의 따라 타격의 질은 달라집니다. 그만큼 골프는 정신을 다스리지 않으면 자신의 실력을 발휘할 수 없는 운동입니다. 그래서 이 분야에 대해 지식을 갖고 지혜롭게 실천하여 훌륭한 정신을 만들 수 있어야 합니다. 실제 미국 최고의 시합인 PGA투어 선수들은 정신적인 기술 훈련을 위해 전문가를 고용하기도 합니다. 그리고 선수들 중 몇몇은 심리학자 못지않은 지식을 갖추고 있습니다.

물론 아무런 생각 없이 있다가 공이 앞에 있으면 치는 식으로 단순하게 행동한다면 좋겠지만, 지성을 갖춘 생명체인 우리는 아무 생각 없이 살아가기가 쉽지 않습니다.

골프 안에서 정신의 시간이 미치는 부분은 앞으로 칠 샷에 대한 계획과 기대, 방금 친 샷에 대한 후회와 반성, 동반자와의 대화, 상대방 샷에 대한 감상 등이 있습니다. 이 외에도 다양한 요소들이 있겠지만 이런 대표적인 것에 집중하여 본다면 결국 골프를 하는 동안 사람은 자신이 할 일, 자신이 한 일, 주위 사람과 비교, 새로운 상황에 대해 선택하는 패턴이 주어지게 됩니다. 마치 인생처럼 말이죠. 그래서 골프가 재미있는 것 같습니다.

그렇다면 정신이란 분야를 골프에서 어떻게 다뤄야 좋을까요? 골프의 기술처럼 클럽을 확 놓아 버리듯 마음을 놓으면 좀 괜찮을까요? 혹은 훌륭한 사람의 정신을 그대로 본받아야 할까요? 답을 정하기에는 너무 커다란 분야입니다. 하지만 그렇다고 해서 이것에 대해 관심 갖지 않는다면 아무런 발전과 성숙은 일어나지 않을 것입니다. 그래서 골프 중 일어나는 감정을 화, 두려움, 기쁨으로 나눠서 보고 싶습니다.

1. 화, 스트레스

먼저 화의 종류에는 다섯 가지가 있습니다. 첫 번째 화는 '당연'입니다.

첫 번째 화 '당연'

보통 이 언어의 의미는 사람들 마음속에 깊이 자리 잡혀 있습니다. 그 기준이 조금은 다를 수 있으나 큰 차이를 보이지 않습니다. 특히 교통의 중심인 도로 위에서는 더욱 그렇습니다. 그곳에선 어느 정도의 법률을 갖추고 있으며 운전자들끼리 약속이라도 한 듯 서로의 안전을 보장하며 운전합니다. 그렇지 않으면 서로를 신뢰하지 못해 속도를 내기 어려울 것입니다. 그러므로 도로 위에는 항상 "이 상황에서는 이렇게 해야 한다."라는 정도의 기준이 있습니다. 하나의 에티켓처럼 말이죠.

그럼에도 상대 운전자가 그 기준을 어기고 자신을 놀라게 할 때면 순간 화가 올라옵니다. 자신의 차로로 갑작스레 끼어드는 차량에게는 욕설까지 나옵니다. 왜 그런 것일까요? 자신의 앞길을 막아서는 것 같아서일까요? 아님 자신을 공격하는 것처럼 느껴져서일까요?

"당연히 그래야지", "당연히 그런 거 아니야?", "당연히 그게 맞지"와 같은 말들을 떠올리는 상황에서 그것에 어긋나는 것들은 화를 쉽게 부릅니다.

골프를 칠 때도 마찬가지입니다. 별거 아니지만 공을 치려고 할 때마다 쳐야 할 방향으로 걸어 나가고 있는 사람들이 있습니다. 물론 그들이 고의적으로 하는 행동은 아닙니다. 그러나 계속 눈에 거슬립니다. 실수하면 그가 위험해진다는 것을 알기에 그렇습니다. 이럴 때 사람은 쉽게 화가 일어납니다. 꼭 위험해서뿐만이 아니라 시간상 지금 공을 쳐야 하는데 못 치게 되는 것도 그렇습니다.

이때 골퍼는 반 자의적으로 방해받고 있다고 생각합니다. 그리고 그 방해자에게 원망이 일어납니다. "원수를 사랑하라"라는 말이 생각나지만 그 원망의 꽃은 시들지 않습니다. 그리고 참 빨리도 피어오릅니다. 이 꽃이 피어났는데 골프가 잘 될 리 없습니다. 당연한 에티켓을 지켜주지 않으면 화가 납니다.

두 번째 화 '비교'

'비교'에서 오는 화는 자신을 비참하게 만듭니다. 사람은 누구나 개별적이지만 우리는 가끔 그 사실을 잊고 살아갑니다.

> 골프선수를 꿈꾸는 한 친구가 있었다. 골프를 잘 하고 싶던 이 친구는 총명하여 골프 관련 서적을 공부하기도 하고, 골프 레슨도 꾸준히 받았다. 그 지식들을 기반으로 기술 연습, 체력 연습, 멘탈 연습을 게을리 하지 않았다. 이런 과정을 거쳐 그는 전국 규모 시합에 출전하게 되었다. 처음 본 선수들과 악수를 나눈 뒤 경기를 시작했다. 그런데 몇 홀을 지나며 평소에 느끼지 못했던 기분을 받았다. 샷은 나름 나쁘지 않은데 무언가 마음속에 허탈함이 자리 잡히기 시작했다.

왜 이런 허탈함이 생겼을까요? 이날 이 선수가 처음 본 선수들은 생각보다 골프를 잘 쳤습니다. 흔들리지 않는 견고한 스윙, 장타, 숏 게임까지 무엇 하나 빈약해 보이는 곳이 없었습니다. 자신은 이날을 위해 완벽하게 준비했고 이만하면 준비를 마쳤다고 생각했지만 경쟁해야 할 상대들은 이미 자신보다 높은 실력자들이었습니다. 결국 이 친구는 평소보다 더 잘 하기 위해, 더 많은 힘을 사용하기 위해 애쓰다 제풀에 꺾여 좋지 못한 스코어를 기록했습니다. 그것도 평소에 기록하던 스코어보다 훨씬 못하는 스코어를 말이죠. 그리고 마침 갖고 있던 화가 터져 나왔습니다.

"저 사람이 나보다 잘하는데? 내가 노력했음에도 저 사람보다 잘할 수 없는 현실이 너무 화가 난다. 그럼 나란 존재는 이것밖에 안 되는 건가? 노력해봐야 소용없는 건가?"

무엇이 총명한 이 친구를 이렇게까지 만든 것일까요. 자신에 기대와는 너무 멀어진 상황 때문일까요. 단지 상대방이 자신보다 잘해서? 비교로 일어난 화는 자신의 내면을 공격하고 무기력하게 합니다.

새로 산 옷을 입고 나름 꾸미고 간 파티장소에서 나보다 더 예쁜 옷을 입고 온 친구를 발견했을 때, 얼마 전 구매한 자동차보다 더 멋진 자동차를 끌고 온 친구, 회사에서 계속 승진해 가고 있다는 동창, 나보다 못생겼는데 1등 신랑감과 결혼한 친구의 소식 등 비교에 의한 화는 다양합니다.

이런 화는 아쉽게도 외적으로 표현하기가 좀 그렇습니다. 그래서 항상 타깃이 자신이 됩니다.

세 번째 화 '기대'

사람은 누구나 기대합니다. 사람의 바람은 하나의 소망으로 삶을 윤택하게 합니다. 하지만 자신의 기대에 미치지 못하는 상황은 화를 감출 수 없습니다. 사실 바로 화가 나기보다 상실감으로 시작해 짜증과 같은 상황으로 변질됩니다. 이렇게 일어나는 화는 꽤나 공격적입니다. 특히 자신과 가까운 사람에게, 혹은 자신에게 상처를 입힐 수 있습니다. 사랑하는 사람일수록 그 사람에 대한 기대가 커지기 때문입니다.

골프를 칠 때 매 샷마다 훈수를 두는 경우가 그렇습니다. 그러나 보통 훈수를 받는 사람은 훈수가 도움 되기보다는 정신없다고 느낄 때가 많습니다. 이에 맞서 훈수를 두는 사람은 훈수에 짜증이 섞입니다. 자신의 기대치를 못 따라와 주니까요.

결국 훈수 받던 사람은 상처받습니다. 공도 제대로 못 치고, 타인의 인정도 받지 못했으니까요. 이는 마치 가까운 사람에게 운전 배울 때를 생각나게 합니다.

또 기대는 자기 자신에게 화를 내는 상황을 만들기도 합니다. 어젯밤 연습장에서 완벽하게 잡은 드라이버샷을 오늘 뽐내러 왔지만 엉뚱하게 가는 샷에 화가 납니다. 이렇게 치면 되겠다 싶어 퍼팅의 터치를 정해 왔지만 그대로 해도 결과가 좋지 않습니다. 화가 납니다.

이런 실망에 일어난 화를 프로선수들은 어떻게 생각할까요? 최경주 프로의 자서전인 『코리안 탱크』에서 그는 결과에 대한 부진에 대해 '자신이 늘 말하던 생각과 마음의 비움을 실천하지 못하고 욕심을 놓지 못해서 그렇다'고 했습니다. 그러면서 스스로 무거운 짐을 짊어진 꼴이라 말했습니다.

이렇게 기대에 의한 화는 정상급 선수에게도 찾아오나 봅니다.

실망(失望)이란 말의 뜻은 자신이 바라는 것을 잃었을 때라고 합니다. 이렇게 기대한 바가 사라질 때 인간은 화가 납니다.

네 번째 화 '지키기'

'당신은 골프 칠 때 언제 화가 제일 많이 나나요?'라는 설문조사를 한 적이 있습니다.

이때 재미있는 결과가 도출됐습니다. 골프를 즐기는 아마추어 골퍼는 공이 정확히 맞지 않을 때인 뒤땅, 탑핑, 생크, 헛스윙 등을 답하였고, 프로들은 스코어에 악영향을 미치는 상황에 대해 말하였습니다. 상대적으로 화가 나는 정도는 프로들이 더 컸습니다. 아무래도 골프 프로들은 실력을 보여줘야 한다는 강박에 민감해지는 것 같습니다. 특히 버디를 기록한 후 다음 홀에서 보기를 할 때라든지 그린 위에 2번 만에 잘 올려놓고 3퍼팅이나 4퍼팅을 하게 되는 경우에 화를 참는 것이 어려운 것으로 나타났습니다. 골프의 특성 중 하나인 타수를 버는 것이 잃는 것에 비해 너무 어렵기 때문입니다. 실제로 골프를 전문으로 하는 프로라고 해도 18홀에 72타를 지키는 것은 쉽지 않습니다.

한때 여자 세계 랭킹 1위였던 신지애 프로는 한 경기에서 식중독으로 힘들었던 적이 있었습니다. 그럼에도 그녀는 시합을 포기하기 어려웠습니다. 1라운드 때 72타를 기록했기 때문입니다. 그녀가 말하길 좋은 스코어를 쳤는데 포기하기 아쉽다고 했습니다. 그때 당시 그녀는 60대 타수를 쉽게 쳐내는 선수였지만 72타를 기록한 것을 귀중히 여겼습니다. 그만큼 72타를 기록하는 것은 어렵습니다. 그럼에도 보통의 프로들은 72타인 even파를 지켜야 되는 사명이 있습니다. 일종의 자존심이라 해야 할까요? 그래서 예민해질 수밖에 없습니다.

이런 지켜야 되는 무언가가 우리의 화를 쉽게 불러일으킵니다. 지켜야 될 것이 많은 사람일수록 화에 노출될 가능성이 커집니다.

이 같은 사실은 꼭 외부적인 것만을 말하지 않습니다. 사람에 따라 내면에서도 지켜야 할 것이 있습니다. 다수의 사람이 모여 있는 자리에서 나에 대해 "제발 이 말만은 안 했으면…" 하는 것들이 수면 위로 떠올랐을 때 누구나 사람은 얼굴이 빨개지고 평정심에 영향을 받습니다. 마음에 준비해 둔 변명을 말해 봤자 화만 더 뻗어 나올 뿐입니다. 그런데 이런 치부는 꼭 지켜야만 하는 것일까요? 누구나 하나씩 이러한 치부가 존재할 텐데 말이죠.

다섯 번째 화 '공평'

영화 「1987」을 보면 대한민국에 군부정치 시절 민주화를 위해 투쟁

한 사람들을 자세히 들여다 볼 수 있습니다. 독재 권력과 정의롭지 못한 정치에는 당연 국민들이 화가 났을 것입니다. 보통 이를 '정당한 분노'라고 합니다.

흔히 훌륭한 사회일수록 자신의 포지션에서 최선을 다합니다. 대통령은 대통령대로, 그 수하 장관들은 그들대로, 국민들은 국민에게 주어진 대로 최선을 다할 때 그 국가는 발전합니다. 그런데 정부가 국민을 유린하여 자신들의 이익만을 취하면 공평성에서 어긋나고 균형은 깨집니다. 이에 국민들은 화가 납니다. 예수가 정결한 예루살렘 성소에서 종교를 팔아 이익을 취하는 장사꾼들에게 큰 화를 낸 것처럼 정의에 어긋난 것은 누구에게나 화를 불러일으킵니다. 그리고 다행히 이렇게 일어난 화는 우리의 세상을 공의롭게 변화시켜갑니다.

그래서 화는 꼭 부정적인 것만이 아닌 좋은 결과를 도출하기도 합니다. 골프에서도 누구나 18홀 게임 동안 평화로운 관계 속에서 경기하기를 원합니다. 스포츠라 하여 상대를 적대시하기보다는 동반자로서 예우를 갖추고 싶어 합니다. 경기를 도와주는 캐디 역시 플레이어들과 더불어 좋은 관계로 경기합니다. 그런데 자기 골프가 안 된다고 하여 캐디에게 화를 낸다든지, 경기가 잘 안 풀리는 사람에게 왜 이렇게 공을 못 치냐며 비아냥거리는 사람은 어느 정도 제제 받을 필요가 있습니다.

약자를 괴롭히는 이에게 정당한 화는 괜찮습니다. 물론 맞불작전으로 화를 내 버리면 싸움밖에 되지 않으니 시선과 분위기로 그를 깨우

치게 해야 합니다. 잘못을 깨우치지 못한다면 만행은 계속 될 것입니다. 이런 화는 결국 게임 속에 좋은 관계를 위해, 더 나아가서는 세상이 평등하게 모두가 더불어 살 수 있는 세상을 열 수 있는 좋은 에너지가 됩니다.

이렇게 화는 자기 자신을 향해, 타인을 향해, 세상을 향해 내는 등 다양하게 존재합니다. 이중 어떤 화는 자신에게 치명적인 피해를 입히기도 하고 어떤 화는 세상을 위해 좋은 영향을 끼치기도 합니다. 그렇다면 이런 화를 우리는 어떻게 표현하며 표출하고 있을까요? 보통 두 가지로 나눠집니다. 내적인 표출과 외적인 표출입니다.

내적인 표출

자신이 밉고, 자신이 점점 싫어지신 적이 있나요? 보통 이럴 때를 자존감이 낮아졌다고 표현합니다. 자신을 존중하는 마음이 사라진 거죠.

일반적으로 화는 내면에서 올라와 외부로 표출됩니다. 그런데 남에게 피해 주는 것을 싫어하는 사람이나, 어릴 적부터 눈치를 많이 보고 자란 이들은 자신에게 화를 냅니다.

이렇게 되면 일반적인 화의 흐름이 역류하는 꼴이 됩니다. 내면에서 시작해 밖으로 나아가는 화의 흐름이 반대로 자신에게 온다면 더 크게 아픕니다. 활력이 떨어지고, 무기력해집니다. 나아가 전쟁을 치르고 난 국가처럼 황폐해질 수 있습니다. 가장 무서운 것은 행동력이 약해진다는 것입니다. 안에서 무엇인가 하고 싶은 씨앗이 올라오더라도 자신이라는 큰 존재가 그것을 억누릅니다. 새로운 것에 도전했다가 잘못되기라도 하면 자신에게 혼나기 때문입니다. 이들은 화의 흐름을 이렇게 가져가고 있습니다.

분노 → 화가 나면 좋지 않다고 생각 → 무조건 참음 → 자신에게 밀물이 들어오듯 쏘아붙임 → 기 죽듯 자아가 사그라듦

이런 과정이 계속 되풀이되다 보면 마음이 약해질 수밖에 없습니다. 이것보다 더한 사람들은 결국 자신을 자해하는 상황까지 오게 됩니다. 이렇게 화의 표출이 내면으로 된다면 자신을 눌러 버리는 행위가 지속되어 삶의 질이 떨어질 수밖에 없습니다. 그렇다면 화는 무조건 밖으로 표출해야 하는 것일까요?

외적인 표출

화가 나면 바로 소리를 지르는 사람이 있고, 욕을 하는 사람, 혹은 폭력까지 휘두르는 사람들이 있습니다. 이들은 자신의 감정을 숨기지 않습니다. 어찌 보면 이들은 솔직한지도 모르겠습니다. 있는 그대로 자신을 나타내니까요. 그러나 이들에게 찾아오는 외부적인 많은 문제들을 피할 순 없습니다.

화라는 것이 일종의 큰 에너지를 갖기에 사람들은 화난 이를 경계하고, 그 모습은 간혹 부정적 인상을 주게 하여 그 사람을 피하게 합니다. 그래서 화를 조절하지 못하면 인간관계가 어려워집니다.

그래서일까요? 이들 중 현명한 사람들은 항상 화를 낸 뒤 사과하는 습관을 가지고 있습니다. 그렇지 않으면 관계가 유지될 수 없음을 본능적으로 알거나 학습된 것입니다. 그러나 사과조차 못하는 사람들은 결국 외로운 상황에 처해집니다. 나아가 직장에서까지 화를 통제하지 못해 일자리마저 잃게 됩니다. 결국 인생은 점점 퇴보되고 상황은 점점 고립됩니다.

그렇다면 도대체 무엇일까요? 화가 생성되고 그 화를 밖으로 표출하지 않으면 자신이 아프게 되는데, 그렇다고 해서 표출해 버리면 사회생활과 삶이 힘들어지는 이런 악순환은 무엇일까요. 골프도 다르지 않습니다. 골프가 잘 안 되서 화가 나는데 그 화를 자신에게 내 버리면 자신의 골프 역량이 줄고, 남에게 내 버리면 같이 할 동반자가 점점 사라지게 됩니다.

그렇다면 어떻게 해야 좋을까요? 어디서 답을 찾아야 할까요? 위인이라 불리고, 성인이라 불리는 사람들은 화의 통제에 대해 어느 정도

알고 있는 것 같습니다. 그들이 어떻게 화를 다스렸는지, 또한 동양과 서양에서는 화를 어떻게 다루고 어떠한 해결책을 말하고 있는지 궁금합니다.

동양의 관점

동양은 예부터 공동체가 발달했습니다. 또래들뿐만 아니라 대가족이 함께 살며 상하관계의 예우를 중요시했습니다. 특히 한반도에 유교의 영향은 오륜이라는 문화를 만들었고 이를 어길 시에는 큰 죄를 지은 자가 된 양 살아야 했습니다.

오륜에는 보통 1. 부모와 자식 2. 임금과 신하 3. 남편과 아내 4. 어른과 어린이 5. 친구관계가 있습니다. 대부분 위아래를 정확히 하는 상하관계로 이루어져 있고, 낮은 자가 높은 자에게 화를 낼 수 없는 구조로 문화가 형성됐습니다. 그러다보니 윗사람은 화를 떳떳이 낼 수 있었고 반대로 아랫사람은 그 화를 그대로 받고 참아야만 했습니다. 당연히 참아야만 하는 사람들은 그렇지 못한 사람에 비해 스트레스가 컸을 것입니다. 그렇다면 이런 화를 예전엔 어떻게 다스렸을 까요?『동의보감』을 통해 그 사실을 알 수 있습니다.

동의보감에서 허준은 화는 사람의 움직임을 주관하는 것이지만 지나치면 병이 된다고 합니다. 화로 생긴 병은 해로움이 크고 증상이 빠르게 나빠지며 죽는 것도 빨라진다고 말이죠.

그의 말을 들어보면 조금 무섭습니다. 그리고 해결책으로는 마음을 가다듬어 화를 억제해야 한다고 말합니다.

이를 볼 때 조선시대 관점에서 화는 자신 스스로가 만들어내는 것이라 말합니다. 특히 불필요한 생각에서부터 화가 시작된다고 합니다. 그리고 그 생각을 스스로 억제할 수 있어야 화에 대한 재난으로부터 보호할 수 있다고 말합니다. 실제로 동양사회에서 대부분은 이렇게 자신 스스로 화를 통제해야 된다고 가르칩니다. 그리고 이는 일종의 덕으로까지도 평가됩니다.

이와 다르게 화를 쉽게 표출하는 사람에게는 좋은 평판이 따르기 어렵습니다. 화를 내면 지는 사람이라고까지 말합니다. 화를 무조건 부정적으로 보는 것입니다. 그래서 어느 정도 얌전한 사람들은 그 화를 참습니다. 계속 참습니다. 그렇게 참다가 누구는 엉뚱한 데서 터져 나오고 누구는 화병을 얻습니다.

대한민국의 문화는 대부분이 우수하지만 이 문화만큼은 조금 아쉽습니다. 누군가 자신의 화가 난 이유를 들어줄 사람이라도 있다면 상황은 훨씬 호전될 텐데 말이죠.

서양의 관점

서양은 개인주의가 발달한 나라들이 많습니다. 그래서 이들은 개인의 권리가 침해받을 때 주로 화를 냅니다. 화의 방식도 자신보다는 상대방에게 초점이 맞추어져 있습니다. 즉 자신이나 가족이 불공평한 일을 당한다거나, 하고자 하는 일이나, 계획 등이 방해된다고 느낄 때 그 방해를 준 이에게 확실하게 표현을 합니다. 문화적으로 주의를 주는 일도 편안하게 형성되어 있습니다.

꼭 화의 타깃이 원인 제공자인 사람뿐 아니라 물건이 될 수도 있고 환경이 될 수도 있습니다. 자신의 자존감을 보호하듯 이들은 무언가 일이 안 풀릴 때 자신보다는 환경이나 물건 탓으로 돌리기를 좋아합니다.

영어로는 angry라 하는 이 단어의 어원은 hang입니다. hang의 뜻을 살펴보면 무언가를 달고 있다는 표현입니다. 즉 화라는 것은 감정에 무언가를 달고 있는 느낌을 표현하여 만들어진 단어입니다. 무언가 깔끔하지 않은 짐이 되는 것 같은 기분을 설명하는 것으로 보입니다. 그래서 서양에서도 화를 없애고 기쁨을 유지하고자 하는 노력들이 계속 있어 왔습니다. 특히 무한 긍정이라 하여 웬만한 일을 다 긍정적으로, 자신에게 도움 되는 쪽으로 생각하는 문화가 많아졌습니다.

특히 어떤 책은 '자신이 바라는 대로 이루어진다'라는 슬로건을 앞세워 자신이 원하는 물질주의, 승리주의 등에 빠져 화와 같은 자신의 감정을 보지 않고 자신의 이상만을 보며 살아가게끔 하는 삶의 방식도 있었습니다.

긍정적으로는 상담학 등이 발달하여 화가 나는 요인을 원인 제공자와, 화가 난 내담자 서로에게 문제점을 찾아 양보할 부분과 배려할 부분을 찾았습니다. 이 부분은 동양의 화의 다스림과는 많이 대조적으로 보입니다.

동양에서는 화의 문제를 자기 내면에서 찾고자 했고 서양에서는 외부 환경과 그것에 대한 이해로 찾고자 했습니다. 둘 중 무엇이 옳다고 할 순 없습니다. 둘 다 필요하니까요.

그런데 무언가 허전합니다. 화라는 건 결국 내면의 감정이기에, 이를 다스리기 위한 영적인 방법이 필요해 보입니다. 특히 종교계에서 헌신하는 사람들이 화를 버럭 내어 분노를 조절하지 못하는 것은 상상하기 힘듭니다. 그들이 화로 인해 삶의 목표가 흔들리는 것 역시 생각하기 어렵습니다. 물론 예외는 있겠지만요.

그들의 화를 다스리는 사고방식이 궁금합니다. 사대성인인 붓다와 예수가 생각하는 화에 대해 듣고 싶습니다.

불교 철학의 화

불교에서는 보통 인연과보라 하여 자신이 한 만큼 과보를 받게 된다는 것을 기본으로 삼습니다. 분노가 누군가에게 피해로 이어진다면 업보를 받게 된다고 생각합니다. 그래서 화의 다스림을 중요시 여기고 이를 위해 수련을 멈추지 않습니다.

석가모니가 보리수나무에서 수련하여 깨달음을 얻었듯이 명상과 선을 통하여 화를 내지 않는 해탈에 경지에 이르기를 노력합니다. 사실 불교는 종교적으로 신을 모시는 종교가 아닌 수행을 목적으로 발전해 왔습니다. 사대성인 중 하나인 석가모니가 깨달은 내용을 제자들이 습득하는 방식을 추구합니다. 다만 이런 깨달음을 위한 집회가 점점 종교적인 신의 개념으로 발전하여 힌두교에 영향과 한국의 샤머니즘까지 곁들여 종교화가 된 것뿐이지, 실제로는 그렇지 않습니다.

불교적 관점에서 화를 해결하는 방법은 끊임없는 수련입니다. 계속해서 자기 자신을 지켜보는 것입니다. 현대 대한민국 불교계에서 '즉문즉설'로 인기 있는 법륜스님은 화에 대해 이렇게 말하였습니다.

"화가 났을 때 잠시 멈추어서 상대를 한 번 더 생각해 보세요. 내가 지금 화가 나는 것처럼 상대도 그럴만한 이유가 있지 않겠어요?"

그러면서 이렇게 말하였습니다.

"그리고 자신을 살펴보십시오. 아 내가 지금 화가 나는구나! 그런데

내가 화가 나는 게 이익인지 화를 내지 않는 게 이익인지 하고 생각해 보아야 합니다. 이렇게 항상 '탁!' 하고 깨어 있어야 합니다."

자기성찰을 강조하고 있습니다. 결국 화라는 감정이 자신에게 일어나는 감정이니 자신을 통찰해야만 조절할 수 있다는 것입니다.

현대 상담심리학에 큰 영향을 미친 '게슈탈트'라는 학자 역시 내담자가 상담을 통해 자각할 수 있다는 데 중점을 두고 상담하는 것이 좋다고 하였습니다. 이처럼 자기 성찰에 가까워질 수 있도록 자신을 유도한다면 화를 다스리는 데 도움이 될 것입니다. 또한 화를 바로 내는 것보단 시간을 약간 지연시키는 것도 좋은 방법이 됩니다. 마틴 루터 킹 목사의 추천으로 노벨평화상 후보로 거론되었던 베트남의 '틱 낫 한' 승려는 자신의 책 『화』에서 화는 살아 있는 생명체기에 그 화가 일어났을 때 감자가 삶기를 기다리듯 화가 사그라질 때까지 기다리라고 말합니다.

화라는 감정을 생명체로 본다면 이 감정을 다스릴 수 있을 때까지 시간이 필요하다는 말입니다. 그래서 그것에 반응하기 보다는 감자를 삶을 때처럼 시간을 주어야 한다고 합니다.

또 법륜 스님은 자기중심적인 생각에서 화가 온다고 말합니다.

잘 생각해 보면 화를 낼 만한 상황이 아님에도 화를 내는 기준이 자기 자신에게 맞추어져 있기 때문에 잘못된 판단을 한다는 것입니다.

대단한 통찰입니다.

이렇게 불교적 철학을 바탕으로 화를 다스린다면 마음의 여유를 가지고 자신을 인지하여 불상사를 막을 수 있을 것 같습니다. 그렇다면 기독교적 철학으로 바라보는 화는 어떨까요?

기독교 철학의 화

기독교는 예수의 가르침으로 태어났습니다. 기독교의 핵심은 '주님'에 있습니다. 일요일을 주일이라 부르는 이유도 주님의 날이기 때문입니다. 여기서 주는 주인 주(主)자입니다. 즉 하나님을 자신의 주인으로 보는 일입니다. 조금 더 들어가면 인간은 누구나 죄성을 가지고 있고 그 죄성으로 인해 공허함, 외로움, 욕심 등 삶이 괴로워질 수밖에 없게 되는데 그에 대한 이유는 세상을 만든 이를 배제하고 자기 자신이 중심이 돼서 살기 때문이라고 합니다.

결국 자신이 주인이 되어 자기중심적으로 세상을 살아가다 보면 많은 문제에 부딪친다는 것입니다. 그중 당연 화도 있습니다. 누군가를 이기고 싶고, 누군가 위에 군림하고 싶으며 누군가에게 인정받고 싶은 욕구에 목말라 분노 역시 조절이 어려울 때가 있습니다.

실제로 화는 자신이 만만하게 생각하는 상대에게 더 많이 낸다고 합니다. 그래서 화라는 것이 인간의 본능적인 사고방식으로 흘러가게 두면 좋지 않은 상황이 발생할 수밖에 없습니다. 화로인한 분노의 결과는 결국 약자가 피해를 보게 되는 상황이 오기 때문입니다.

마치 이는 약육강식을 떠올리게 합니다. 이런 삶을 기독교에서는 철저히 부정합니다. 예수는 하나님께서 사람 하나하나를 정성들여 지으셨기에 상대적으로 약함, 강함을 따지기보다 모두가 개인의 달란트를 가지고 있는 소중한 사람들이라고 합니다. 그래서 주님 아래 사람들은 모두 평등하게 봅니다. 상대가 나보다 약하다고, 혹은 못하다고 해서 그 사람이 나의 화를 받아 줄 상대로 인식하지 않습니다.

신약성서에 그는 세상에 기준에서 일반적이지 못한, 평균보다 떨어지는 사람들을 제자로 삼아 그들을 성장시켰습니다. 자신의 절대적인 힘을 과시하지 않고 이들을 섬겼습니다. 예수의 이런 행동은 분명 배울 점이 있습니다.

그렇다면 그는 분노를 올바르게 사용하기 위해 어떻게 해야 한다고 말할까요?

성경연구자이자 정신과의학 박사인 드와이트 L. 칼슨은 『분노와 상처 극복하기』에서 분노는 하나님을 잘 섬기고 순종하기 위해 만들어진 능력이라고 말합니다.

칼슨의 말을 인용하면 분노 자체가 나쁜 감정이 아닌 우리 삶의 필요한 많은 감정 중 하나일 뿐이라는 것입니다. 하지만 그 감정을 올바르게 사용할 수 있어야 한다고 말합니다.

노하기를 더디 하는 자는 용사보다 낫고 자기의 마음을 다스리는 자는 성을 빼앗은 자보다 나으니라.

- 잠언

결국 기독교적 관점에서 화는 주님께서 주신 특별한 능력이지만 그 화가 올바른 데 쓰이길 바라고 있습니다. 올바른 사용을 위해 분노가 일어나는 상황에서 그것을 한번 더 생각할 수 있는 시간을 가지라 합니다. 예를 들어 화가 올라왔을 때 공간적인 시간을 두어 자기중심적인 마음에서 벗어날 수 있게 하는 것입니다. 그리고 다시 중립적인 상황에서 생각할 수 있을 때 지혜를 갖추게 될 것이라 합니다.

많은 심리학자들이 말하듯 기독교에서도 화를 나쁘게만 보지 않습니다. 화는 꼭 필요한 감정이지만 그 화가 잘 사용되길 바라고 있습니다.

결론

화는 대략 다섯 가지 이유로 생겨납니다. 당연, 비교, 기대, 지킴, 공의가 깨졌을 때 일어납니다. 하지만 이렇게 일어나는 화를 어떻게 다스릴지는 본인의 몫이 됩니다. 긍정적으로 반응할 수도 있고 파괴할 수도 있습니다. 그래서 동서양을 막론하고 종교계 모두 화를 다스려야 할 목적으로 취급하고 있습니다. 그리고 화를 꼭 나쁘게만 보지 않습니다.

분노 척도를 만든 Novaco 박사에 따르면 분노에는 에너지와 행동의 강도를 증가시키고 불안감을 감소시키는 기능이 있다고 합니다. 이런 면에서 볼 때 화는 자신을 움직이게 하는 에너지원으로 보입니다. 그 화가 나쁘게 표출되는 않는 조건에서 말이죠.

그리고 재미있는 사실이 있습니다. 화를 만들어 내는 기본연료는 '스트레스'라 합니다. 그런데 스트레스만으로는 분노가 일어나지 않는다고 합니다. 스트레스 상황인 고통 상태에서 화를 촉발해 주는 사고들을 만나야만 분노로 이어진다고 합니다. 현재 고통인 상태에 있는 이에게 그가 생각하는 당연, 비교, 기대, 지킴, 공평하지 않은 기준에 못 미치는 자극들이 화를 일으키는 촉발사고가 되는 것입니다.

예를 들어 골프공이 너무 안 맞는 사람에게 "너는 왜 지금 막 시작한 초급자보다 골프를 못하냐?"라는 식의 촉발사고를 듣게 되면 분노로 이어집니다. 그리고 이 촉발사고는 사람마다 다르고 아주 다양하다고 합니다.

중요한 것은 일종의 고통(화)과 분노는 아주 친밀한 관계를 갖고 있지만 고통(화)이란 것을 단독적으로 보면 꽤나 괜찮은 감정이란 것입니다. 고통은 인간을 움직이게 하고, 열정적으로 만들어 줍니다. 즉 고통만 있는 상태는 인간에게 도움이 됩니다. 이것은 사람을 성장케 할 수 있는 최고의 연료입니다. 자신이 갖고 있는 분노촉발사고를 만나기에 문제가 생기는 것뿐입니다. 그래서 화를 다스린다는 것은 결국 자신의 화라는 스트레스를 없애는 것이 아니라 그것과 맞물려 분노를 만들어 내는 분노촉발사고를 없애 주는 것입니다.

이렇게 된다면 자신의 분노는 잠잠해지고 자신의 연료인 화만 남게 되어 에너지 역할을 톡톡히 할 것입니다. 그렇다면 어떻게 분노촉발사고를 지울 수 있을까요?

자신을 정확히 인지할 수 있는 객관적인 시각이 필요합니다. angry의 어원인 hang처럼 자신에게 달려 있는 것이 무엇인지 아는 인지사고가 있어야 합니다.

"내가 지금 스트레스 상태에 있구나. 그런데 이것이 어떤 사고와 만나 지금 분노로 진행되고 있구나!"라고 말이죠. 이렇게만 할 수 있다면 지금부터는 화를 쉽게 다스릴 수 있습니다.

(1) '당연'이란 생각에 생기는 화

아, 내가 골프가 어려운 운동인데… 요 며칠간 잘 됐다고 쉽게 생각하고 있었구나! 그래서 쉽게 경기가 풀려야 한다고 생각했어. 그래서 화가 나는구나.

(2) '비교'에 의해 생기는 화

아, 내가 상대가 나보다 잘 치는 것을 탐탁지 않아 하는구나. 그래서 화가 나는구나.

(3) '기대'로 인해 생기는 화

아! 내가 어제 베스트스코어를 쳤다고 오늘도 기대하고 있구나. 그런데 이렇게 초반부터 게임이 안 풀리니 화가 나는구나.

(4) 무언가 '지켜야' 하는 상황일 때

아, 거리가 안 나가는 것은 나의 약점인데 친구들이 자꾸 이것을 들춰내는구나.

아, 내가 폼이 좀 안 예쁜데 자꾸 이것을 사람들이 들춰내는구나. 이것을 방어하고 싶은데… 그런데 잠깐. 골프의 본질은 놀이이고 무료함을 달래는 게임이라 했는데. 꼭 이런 것들을 지켜야 하나? 지키지 않아도 될 것에 내가 예민해하고 있구나. 그래서 화가 나는구나.

(5) '공평'한 상황에서 벗어날 때

왜 저 친구는 나보다 잘 치는데 핸디를 주지 않지? 왜 내가 잃을 수밖에 없는 내기게임을 해야 하는 거지? 화가 나네. 그렇지만 요목조목 다시 한 번 말해 봐야겠다.

이런 식의 자기성찰 과정을 거치는 것입니다. 이렇게 되면 자신의 분노촉발사고를 자신이 인정하게 되고 이는 마치 누군가에게 자신의 불만을 토로한 것처럼 마음을 깨끗이 정화시키는 기능을 갖게 합니다.

그리고 허락한다면 자기가 화난 이유와 현재 상태를 정리해서 남에게 표현하는 것도 굉장히 좋은 방법이 됩니다. 물론 이를 들어줄 수 있는 어느 정도의 인내심이 있는 사람이 필요하겠지만요.

전문 용어로 'I 메시지'라 하는 이 대화법은 자신이 화가 나는 이유와 지금의 상태를 평안하게 표현하는 방법입니다.

예를 들어 자신에게 골프를 못 친다고 놀리는 친구에게 이렇게 말해 봅니다.

"네가 볼 때 나의 실력이 못 미쳐 보이는 건 나도 인정해. 하지만 나도 잘 하려는 마음이 있고 그렇게 노력하는데 내 맘대로 되지 않네."

라고 말이죠. 혹은 상황에 따라 이렇게 표현해도 좋습니다.

"난 있지, 이러이러한 특정상황이 오면 화가 나. 이런 부분은 미안해."

이런 I 메시지는 자신의 화가 상대로 인해 커지는 왜곡을 막을 수 있게 되고 자신의 상태를 그대로 인지할 수 있도록 하여 분노를 조절하는 데 유리해집니다. 즉 시간을 확보하여 자신을 들여다 볼 수 있게 됩니다.

결국 이렇게 자기 자신을 있는 그대로 인정하는 용납이 되기 시작할 때 무언가 찝찝했던 느낌이 사라지고, 자연스레 화라는 연료만 남게 되어 자신을 열정적으로 그리고 현명하고 지혜로우며 에너지 넘치는 사람으로 만들어 줍니다.

그러므로 훌륭한 골퍼와 인성을 갖추기 위해 화라는 감정을 나쁘게만 볼 것이 아니라 이를 잘 사용하는 사람으로 거듭나야 할 것입니다. 이는 골프뿐만 아니라 삶에도 충분히 적용될 수 있습니다.

2. 두려움, 불안, 긴장

아끼고 아끼던 하얀색 도화지에 모르고 잉크를 떨어트렸습니다. 하얀 도화지는 떨어트린 잉크 색으로 번졌습니다. 그리고 그 도화지의 색은 원래대로 돌아오지 않습니다. 우리의 마음도 마찬가지입니다. 한번 색이 번진 마음은 원래 상태로 돌아올 수 없습니다.

보통 '트라우마'라고 하는 상처들은 마음의 색을 변화시킵니다. 그리고 우리를 다른 사람으로 만들곤 하죠. 그런데 낙심할 건 없습니다. 그게 무슨 색이든 그 색깔로 인해 우리는 새로운 색을 얻을 수 있습니다. 그러므로 도화지가 더러워졌다 해서 포기할 필요 없습니다. 아름다운 그림이 다채로운 색을 가지고 있듯 우리의 마음도 이제 다채롭게 변해 갈 수 있는 기회입니다.

두려움은 누구나 가지고 있는 정신적 방해물입니다. 다행히 온실 속의 화초처럼 아무 일 없이 자라 온 사람들은 두려움이 크지 않습니다. 오히려 많은 것을 도전하고 그것에 준하여 많은 것을 실패한 사람들, 혹은 어쩔 수 없이 일찍 사회에 떠밀려 공포심을 가질 수밖에 없던 사람들은 두려움이라는 그늘에 갇혀 살게 됩니다.

골프에서 이런 두려움에 갇히는 것을 '입스'라고 합니다. 입스란 골퍼가 공을 칠 때 자신 없는 행동을 보이거나 크게는 스윙에 시작조차 못하게 되는 것을 말합니다. 평소에는 아무렇지 않다가 골프공 앞에만 서면 이런 현상이 생기는 것입니다. 의아하게도 이런 현상에 걸린 사람들은 골프에 초급자가 아니라 경험이 많은 사람이나, 사람들의 기대를 한 몸에 받던 사람들입니다.

꼭 심각한 입스현상이 아니더라도 누구나 공 앞에서 머릿속이 하얘지거나 평소에 자신이 구현하던 스윙이 안 나올 때가 있습니다. 이런 모든 현상은 두려움에서부터 시작됩니다. 그러므로 이것에 대해 회피하고 도망가기보단 두려움에 당당히 맞서 이것이 무엇인지, 이것이 어떻게 오는 건지, 이것을 어떻게 해결해야 좋을지 정확히 아는 것이 필요합니다. 모르면 무섭고 알면 별거 아닌 것이 공포이기도 합니다.

공포

캄캄한 밤 연기 속에서 무언가 보였다. 그것이 무엇인지는 알 수 없었다. 사람인지 물체인지조차. 그런데 점점 보이지 않는 유기체가 나를 덮쳐 오는 것 같았다. 나는 무서웠다. 도망가고 싶었다. 그런데 어디로 도망가야 할지 몰랐다.

그래서 일단 몸을 숙였다. 그리고 가슴을 움켜쥐고 나를 보호했다.
그렇게 나는 쭈그려 앉아 엎드렸다.
그리고 그 상대가 나를 그냥 지나치기만을 바라며 눈을 감고 땅만 바라보았다.

꿈이었다. 실제와 구별할 수 없는 생생한 꿈이었다. 꿈에서 깼지만 그 유기체가 누구인지는 알 수 없었다. 다만 추측할 수 있었다.
어릴 적 나를 공포에 몰아댔던 전쟁 속의 폭군, 말을 안 듣는다며 때렸던 조부모, 학교에서 악명 높던 선배, 혹은 앞으로 닥쳐올 나의 미래 정도였을 것이다. 꿈에서 깼지만 나는 무서웠다.

위의 글을 보면 꿈을 꾼 주인공이 얼마나 공포심에 젖었는지 알 수 있습니다. 사람은 누구나 두려움을 겪게 되는데 그 감정이 커지면 먼저 눈을 감게 되고, 자신의 자세를 낮게 유지하며 자신의 마음과 심장이 있는 곳을 감싸 안아 보호합니다. 아직 아무 일도 일어나지 않았지만 그 무엇으로부터 자신을 보호하고 싶은 것입니다.

그것에 맞서지 못하고 자신을 방어하는 데에 집중할 수밖에 없는 것은 그 두려운 물체가 무엇인지 정확히 알 수 없고, 그것이 혹여나 자신이 생각하던 가장 무서운 공포는 아닐까 걱정돼서 그렇습니다. 알 수 없는 두려움은 공포로 밀려들어와 자신을 그 상황에 굴복하도록 합니다.

흥미로운 사실은 골프선수들이 유난히 긴장을 많이 할 때 왼쪽으로 당겨 치는 실수를 합니다. 공포심이 골퍼의 임팩트 자세를 평소보다 낮추기 때문입니다.

또한 중요한 퍼팅 앞에서 공이 홀컵에 미치지 못하는 짧은 퍼팅이 자주 나옵니다. 공포심이 움켜잡는 힘을 만들게 해서 그렇습니다. 정상인이라면 한번쯤 이런 상황을 겪게 됩니다. 그러나 공포로 인해 만들어진 이런 상황을 나쁘게만 볼 필요 없습니다. 무언가를 움켜잡거나 숙인다는 것은 자신을 보호하는 하나의 행위이기에 그렇습니다.

그러므로 어쩌면 두려움이라는 것은 부정적인 용어가 아닌 우리에게 꼭 필요한 감정인지도 모릅니다. 자신을 지켜 주는 유일한 감정일 수도 있으니까요. 그렇다면 두려움이 우리에게 필요한 이유가 궁금합니다.

두려움으로 성장하는 아이들

영장류의 생물체 중 사람은 유난히 약합니다. 사람은 태어나서 약 삼 년여 동안 부모의 도움을 받지 못하면 생존하기 어렵습니다. 특히 백일 전까지 너무나 여리고 약해서 백일 동안 살아남은 아기에게 잔치를 베푸는 문화가 존재합니다. 그만큼 사람은 누군가의 보호 없이는 절대 혼자서 성장할 수 없습니다.

나약한 시기를 지나 스스로 몸을 돌볼 수 있는 나이가 되어도 계속되는 주의를 받습니다.

"이 시간엔 자야 한다. 그렇지 않으면 키도 안 크고 호랑이가 잡아간다", "지금 밥을 먹지 않으면 저 무서운 아저씨가 이놈! 한다", "학교에 가지 않으면 어른이 돼서 잘 살 수 없다"

'졸업하지 못하면', '대학에 들어가지 못하면' 등등 부모나 어른들은 아이들에게 두려움을 심어 줌으로써 아이들에 행동 동기를 유발시킵니다. 태생부터 어른이 되기 전까지 어쩌면 공포는 아이에게 친숙한 감정일지 모릅니다. 그리고 그 공포가 아이를 올바른 길로, 도태되지 않은 길로 이끌어 가는 것을 긍정적 두려움이라 합니다.

특히 차가 다니는 길이나 밤늦게 다니는 길에 경각심을 불러일으킬 수 있는 것은 이런 긍정적 두려움이 자리 잡고 있어서입니다. 그렇다면 이러한 긍정적 두려움은 우리에게 어떤 도움을 줄까요? 두려움은 그 무엇보다 사람을 빠르게 변화시킬 수 있습니다. 이는 무엇이든 빠르게 학습할 수 있다는 뜻입니다.

빠른 변화, 빠른 학습

세상에서 어려운 것 중 하나를 뽑으라면 '담배 끊기'라고 합니다. 물론 비흡연자들에게는 해당되지 않습니다. 비흡연자가 흡연자를 볼 때는 "왜 저 나쁜 걸 들이마시나? 그냥 끊어버리면 되지."라고 생각합니다. 그러나 흡연자들은 오래된 습관 속에서 담배를 자신의 신앙처럼 받들기 때문에 끊으라는 말이 듣기 싫은 잔소리로밖에 안 들립니다.

이들은 아침에 눈을 뜬 후, 밥을 먹은 후, 중요한 일을 앞두고, 중요한 일을 마무리한 후 기념 삼아 담배를 피웁니다. 또한 자신이 감당하기 힘든 고민거리가 생겼을 때도 바로 담배를 찾습니다. 마치 아이가 엄마를 찾듯 담배에 의지하고, 그 담배가 주머니에 없으면 불안해합니다. 항상 동행하길 바랍니다. 이들이 담배를 끊는다는 것이 쉬운 일은 아닙니다.

그렇지만 세상에는 독하다고 불리는 사람들이 있습니다. 금연에 성공한 사람들입니다. 이들은 자신의 의지로 중독에서 벗어났습니다. 물론 요즘은 의학의 발달로 보건소 등을 이용해 도움을 받기도 하지만 금연에 성공한 사람들의 공통적 반응은 결국 자신의 의지라고 말합니다.

이들 모두는 긍정적 두려움을 이용했습니다. 어떤 이는 자신이 앞으로 담배를 무는 순간 자신의 인생이 마감된다는 두려움을 가졌다고 합니다. 어떤 이는 꿈에서 신이 자신의 폐를 수술해 주어 이제 담배를 다시 한번 더 피면 다시는 회복될 수 없음을 상기시켰다고 합니다.

현실적인 사람들은 의사의 권고로도 자신에게 충분한 두려움을 부여했습니다. 결국 자신에게 큰 두려움이 부각될수록 금연에 수월했습니다. 특히 손자와의 관계를 위해 담배를 끊는 할아버지들의 마음은 선한 두려움이 자리하고 있습니다.

두려움이 주는 성공은 이뿐만이 아닙니다. 언어를 배우는 데 있어 두려움만큼 큰 것도 없습니다. 인간은 혼자 살 수 없습니다. 특히 현재 사회는 자급자족하기 힘든 시장경제체제의 사회입니다. 그래서 사람과의 소통을 중시해야 합니다. 그중 첫 번째가 언어입니다. 만약 자신이 피치 못할 사정으로 외국을 가게 되었다면 그곳에 생존하기 위한 언어의 학습이 시작됩니다. 그 언어가 표준어가 아닌 방언일지라도 말이죠. 이때부터는 내국인들의 한 마디 한 마디가 자신에게 공부가 됩니다.

또 언어뿐만 아니라 자신의 삶이 흔들릴 정도로 가난을 경험했던 사람은 취직 후에 커다란 열성을 보입니다. 자신이 다시 가난하게 될 수 있다는 두려움이 이들을 열정적으로 이끄는 것입니다.

마지막으로 긍정적 두려움은 양심에 관여를 합니다. 양심이 별로 중요한 문제가 아니라고 생각될 수 있지만 양심은 이 사회를 지탱하는 하나의 뿌리입니다. 사회에 많은 법이 존재해도 마음속에 양심이 존재하지 않는다면 이런 법은 쉽게 무시될 수 있습니다.

토너먼트 골프에서 사람들은 자신의 양심과 마주서는 경험을 하게 됩니다. 골프공이 놓인 곳이 잔디가 없거나, 흙이 많든지 혹은 땅에 살짝 박혀 있는 경우 공을 좋은 데 옮겨 놓고 치고 싶어 합니다. 그러나 그렇게 했을 때 당장의 결과는 좋을 수 있어도 그 장면 하나로 점점 무너질 수 있습니다. 계속해서 양심의 가책처럼 그 장면이 떠오르기 때문입니다. 다행히도 이런 양심 덕분에 우리는 골프경기에서 상대를 믿고 에티켓을 중심으로 경기를 할 수 있습니다.

기독교인들도 전부는 아니지만 대부분의 사람들이 '크리스찬 라이프'를 실천하며 선한 영향력을 끼치며 살아갑니다. 이런 양심을 가질 수 있는 것은 주님만을 두려워하라는 성경의 말씀(사무엘상 12장 24절)이 뒷받침 되는지도 모릅니다. 그들은 흔히 생각하는 성공한 사람들이나 잘 나가는 사람들을 두려워하는 것이 아닌 오직 자신이 믿는 하나님만을 두려워하기에 사회생활에서 담대함을 갖고 예수의 가르침대로 살아가는 경우가 많습니다.

결국 선한 영향력은 개인의 양심에서 나옵니다. 그리고 이 양심을 떠받쳐 주는 것이 긍정적 두려움입니다. 그러므로 두려움이 자신에게 엄습한다고 해서 그 두려움을 나쁘게 혹은 버리려고 할 필요 없습니다. 우리에게 필요한 것은 두려움에 대한 분별력일 것입니다. 그렇다면 이런 선한 두려움이 아닌 우리의 인생을 힘들게 하고, 나아가지 못하게 하는 두려움은 무엇일까요?

두려움의 아들

우리를 힘들게 하는 것은 두려움이 낳는 불안입니다. 불안이란 사람의 걱정으로부터 시작되는데 이것이 만성이 되면 조건반응이 일어납니다. 특정상황에서 가슴이 빨리 뛴다든지, 식은땀이 난다든지, 손발이 떨리는 반응들 말이죠. 이런 반응은 마음을 어지럽히게 합니다. 그리고 또 다른 걱정을 불러옵니다. '어 이거 왜 이러지? 나 왜 떨지? 떨면 잘 못 할 텐데?' 하고 말이죠.

특히 골프 같이 힘 빼는 운동이나, 노래, 춤, 강연 등을 할 때 누구나 불안에 노출될 수 있습니다. 이런 불안을 보통 '공포불안'이라고 하는데 골프에서는 이런 상황이 매 홀 한두 번씩 있습니다.

특히 시작점인 티그라운드에서는 한 사람씩 순서대로 골프를 치기에 자신이 주목받는 순간이 옵니다. 이때 공을 잘 못 치지는 않을까 하는 두려움도 같이 옵니다.

만약 샷에 준비가 덜 된 사람이라면 불안은 더 커집니다. 노래에 자신 없는 사람이 많은 사람들 앞에서 긴장이 더 심해지는 것과 같습니다. 당연히 기능을 제대로 발휘할 수 없습니다. 불안은 그렇게 우리를 다른 사람으로 만듭니다. 문제는 괜찮다가도 갑자기 불안이 나타난다는 사실입니다.

이거 왜 이러지?

"평소와 같이 멋지게 공을 날려 보내기 위해 앞에 섰다. 그런데 뭔가 이상했다. 약간 현기증이 도는 것 같기도 하고 괜찮은 거 같기도 한데 갑자기 머릿속이 하얘졌다. 그리고 뭘 해야 할지 생각이 나지 않았다. 그런데 나는 이런 상태에서 골프공을 쳐야 한다. 아니 쳐야만 했다. 사람들이 내가 칠 샷을 기다리고 있기 때문이다. 가슴은 점점 쿵쾅쿵쾅 뛰기 시작했다. 결국 스윙을 시작했고, 평소와는 다른 결과가 나왔다. 다음 샷을 어떻게 해야 할지 걱정부터 앞섰다."

강심장이 아니고서야 누구나 한번쯤은 경험하는 일입니다. 굳이 골프가 아니더라도 머릿속이 하얘지는 경험을 하죠. 이렇게 갑자기 머릿속이 하얘지는 것은 어떤 상태가 온 것일까요? 정말 머릿속에 아무런 의식과 이미지가 사라지고 비어 있는 상태가 되어 버린 걸까요?

보통 이렇게 아무것도 보이지 않게 되는 현상을 심리학에서 초킹현상(Choking)이라고 합니다. 초킹현상이란 지나친 중압감으로 인해 앞이 캄캄해지고, 해야 할 행동을 제대로 이행하지 못하는 상태를 말합니다. 머릿속이 하얘진다는 것은 이런 초킹현상의 시작이라 볼 수 있습니다. 그리고 이런 감정이 지나치면 운동 수행에 어려움을 겪습니다.

그래서 상위권 선수들은 심리상담사를 시합장에 대동하기까지 합니다. 우리나라의 대표적인 스포츠심리학 전문인 1급 스포츠심리상담사 박광진 박사는 초킹은 선수의 근육에 변화를 일으킨다고 말합니다. 압박상황에서는 심박수도 달라지며 몸이 굳는다고 말이죠. 그래서 힘을 주는 근육과 그 힘을 받드는 근육의 작용도 달라진다고 합니다. 즉 평소와 완전 다른 상태가 된다는 뜻입니다.

실제로 골프 선수들이 초킹으로 인해 경기를 망친 사례는 생각보다 많습니다. 특히 기대를 많이 받는 상황에 들어설수록 이런 실수를 많이 하게 되는데 예를 들어 17번 홀까지 3타차의 여유로운 선두였다가 18번 홀에서 생각이 복잡해지는 초킹현상에 휩싸여 우승을 놓친 선수, 1m 거리의 아주 가까운 우승퍼팅을 남기고 그것을 놓쳐 우승을 2등에게 내준 선수, 경기 초반부에 선두를 달리다가 후반전에 대한 기대로 경기를 망친 선수 등 사례는 다양합니다.

이는 선수뿐 아니라 일반 골퍼에게도 나타납니다. 특히 편안한 경기 중에 누군가가 내기골프를 제안한다면? 자존심이 강한 골퍼는 그것에 순순히 응합니다. 그리고 찾아오는 돈과 승부라는 리스크가 생기면서 과정보다는 결과에 생각이 치우칩니다. 초킹현상이 시작되는 순간입니다.

일반 골퍼들에게 나타나는 초킹현상은 스윙이 평소보다 빨라지고 다운스윙에 지나치게 힘을 줘 버리는 경향이 있습니다. 허나 이런 현상을 모른 채 그저 **"자기 자신의 폼이 잘못되어서 그런 것이다."**라고 치부하여 기술을 모조리 바꾸어 버린다면 계속해서 악순환에 시달립니다. 심하게는 골프를 그만두기까지 합니다.

결국 누구에게나 초킹현상이 올 수 있다는 사실을 알고, 그것을 받아들일 수 있어야 합니다. 자각하지 않는다면 현명하게 대처할 수 없을 것입니다. 또 자각하다보면 항상 일정한 상황에서 자신이 초킹현상이 시작되는 것을 알 수 있습니다. 그것은 바로 상처와의 만남입니다.

두려움이 상처를 만날 때

두려움은 누구나 있지만 그 두려움이 자신의 상처와 만났을 때 초킹현상은 극대화됩니다. 상처를 서양에서는 '트라우마'라고 부릅니다. 트라우마의 종류는 다양하지만 자신이 살면서 안 좋은 기억을 예로 들 수 있습니다. 특히 골프에서는 자신이 실수한 장면이 선명하게 떠오를 때 그렇습니다. 만약 그로 인해 책망을 받았다거나, 스스로 큰 기대를 한 게임에서 돌이키지 못할 실수를 한 상황이라면 그 기억은 더 극대화됩니다. 예민한 사람은 실수를 했을 때 손의 느낌마저 기억합니다.

그만큼 실수가 자신에게 커다란 충격으로 다가온 것입니다. 그리고 그 기억은 고스란히 장기기억으로 넘어가 정신적 상처인 트라우마로 남습니다.

트라우마는 외면이 아닌 내면에 상처입니다. 그래서 이 상처는 들여다보기도 어렵고 보이지 않기에 감추고자 하는 게 보통입니다. 외면에 상처야 그것이 치료될 수 있게 소독하고, 약을 바르고 건조시키면 되지만 내면의 상처는 방치되기 쉽습니다.

그러나 자신 속에 있는 자아(의사)는 이미 알고 있습니다. 지금 들어온 쇼크는 나 혼자 감당해 낼 수 없다고, 그 상처를 드러내야만 그것을 치료할 수 있다고 말이죠. 드러내지 않고 스스로 치료되기란 어렵습니다.

그래서 우리는 친한 사람들이나 신뢰 관계에 있는 사람들에게 자신의 속 얘기를 나눕니다. 비밀 같은 얘기이고 자신의 치부가 될 수 있지만 그것을 허심탄회하게 이야기했을 때 그 상처는 조금씩 아뭅니다. 상대가 들어 주는 것만으로, 그 아픔을 같이 나누는 것으로부터 치료가 시작되기 때문입니다. 그런데 이런 속 얘기를 할 장소나 사람이 없는 상황이라면 그 상처는 마음속 깊이 자리하여 조건반응처럼 다른 자극에 의해 그곳이 자극되기도 합니다.

그래서 두려움이 찾아와 상처와 만나면 큰 불안에 시달립니다. 또 이와 반대로 좋은 기억과 만난다면 두려움은 더 좋은 효과를 내기도 합니다.

두려움과 기억의 상관관계

[현재 상태] + [장기기억] **= [나타나는 정서]**	약간의 두려움 + 나쁜 기억 **= 불안 증대**	약간의 두려움 + 좋은 기억 **= 자신 있는 행동**	약간의 두려움 + 상처가 될 만한 나쁜 기억 **= 공황상태**

골프 중 나타나는 상황

[현재 상태] + [장기기억] **= [나타나는 결과]**	중요한 샷을 하기 전 상황 + 슬라이스로 공이 나간 기억 **= 약한 힘없는 스윙**	중요한 샷을 하기 전 상황 + 굿 샷 **= 일생 최고의 샷**	중요한 샷을 하기 전 상황 + 큰 실수로 인해 공을 엉뚱한 데로 쳤던 기억 **= 입스, 스윙에 시작이 어려움, 평소와 전혀 다른 결과**

인간은 이러한 메커니즘으로 자신의 두려움과 기억들이 반응합니다. 상처의 정도에 따라서 불안 상황의 정도도 바뀝니다.

긍정적인 것은 표의 가운데를 보면 약간의 두려움이 좋은 기억을 만날 때 최고의 결과를 만드는 것입니다. 실제로 타이거 우즈 선수는 자신이 긴장하지 않는 날에는 골프를 그만두는 날이라고까지 했습니다. 그만큼 프레셔(pressure) 상황이 주는 압박감이 집중력을 올려 준다는 뜻입니다. 여키스-도슨의 법칙에 의하면 사람은 적당한 각성상태에서 최고의 수행을 하게 된다고 합니다. 이런 상황을 잘 이용하는 또 다른 선수는 프레드 커플스입니다. 그는 골프심리학자인 밥 로텔라에게 자신은 공을 치기 전 예전에 잘 했던 샷을 떠올리는데 그것이 괜찮냐고 물었습니다. 박사는 매우 좋다고 했습니다.

프레드 커플스는 리드미컬한 스윙과 함께 꾸준히 상위권에 있었던 선수입니다. 그는 운 좋게도 자신에게 유리한 심리까지 가지고 있었습니다. 이처럼 현재의 불안이 과거의 확신과 만나면 좋은 결과가 도출됩니다. 문제는 좋은 기억을 가지고 있는 사람보다는 좋지 않은 기억을 가지고 있는 이가 많다는 것입니다.

이런 나쁜 기억을 치유하기 위해 어떤 곳에서는 기억을 명상을 통해 바꾸라고도 하지만 '무조건 긍정'은 과거를 왜곡시켜 더 큰 혼란만을 야기합니다. 그래서 궁금합니다. 자신에게 생기는 불안을 우리 스스로가 통제할 수 있는지? 아니면 어쩔 수 없이 불안을 경험해야 하는지 말이죠.

배고픔

왜 심각하다가 갑자기 배고픔이냐 하실 수 있겠습니다. 그런데 배고픔은 인간의 불안을 아주 잘 설명해 주는 하나의 예시로 훌륭합니다. 배고픔은 인간 모두가 느끼는 감정이자 상태이기 때문입니다. 인간은 움직여야 하고 움직이기 위해 에너지원이 필요하고 그 에너지원은 음식물을 소화시켜 만들어 냅니다. 그러므로 사람은 곧 먹어야만 움직일 수 있습니다. 그래서 인간이 원초적으로 불안을 느낄 때에는 바로 배고플 때입니다.

배고픔을 조금 더 들여다보면 소화기관인 위에서 더 이상 일거리가 없음을 알리는 하나의 신경신호입니다. 그렇지만 인간은 이 신호가 유난히 남다르게 느껴집니다. 무언가 채워 넣지 않으면 안 될 것 같은 그런 강박이 생깁니다. 그래서 배고프다는 신호를 받게 되면 먹을 것을 찾습니다. 허기진 배를 채우기 위한 과정은 생각보다 일사천리로 진행됩니다. 지금 먹지 않으면 나의 정서와 몸이 잘못될 것 같은 생각이 은연중에 듭니다. 이는 생존을 위해, 그리고 자신이 움직여야 할 필요를 느끼도록 하는 두려움입니다.

배고픔이라는 두려움은 이렇게 주어지듯 나타납니다. 그런데 사실 이뿐만이 아닙니다. 모든 두려움은 자신이 만든 것이 아니라 주어집니다. 왜 그런 것일까요? 별로 반갑지 않은 긴장이 왜 주어지는 것일까요. 사람의 뇌가 성장하는 것을 통해 조금은 알 수 있습니다.

흔히 우리의 뇌는 외부 환경에 의해 발달된다고 합니다. 갓난아기 뇌에는 기억이 저장되어 있지 않습니다. 무에서 시작합니다. 이때는 우리가 느끼는 두려움이 존재하지 않습니다. 자의식이 없는 상태입니다. 여기서 점점 세월이 지나며 아기는 오대 감각이 발달합니다. 배고픔과 같은 두려움을 통해 표현하고 먹고 움직이며 성장합니다. 그렇게 외부로부터 듣고 보고 느끼는 과정을 통해 기억세포도 무럭무럭 자랍니다. 그런데 놀랍게도 아이가 자라난 만큼 두려움도 같이 커져갑니다. 즉 성장과 두려움이 함께합니다. 어쩌면 두려움이 많을수록 더 큰 성장을 하는지도 모릅니다. 많이 배고픈 만큼 많이 먹게 되는 것처럼 말이죠. 두려움은 인간을 성장시키는 도구가 될 수 있습니다. 골프도 그렇습니다. 두려움이 없다면 성장하지 않습니다. 예를 들어 공을 보는 순간 두려움이 엄습할 수 있습니다. 하지만 그 두려움 속에는 삶을 잘 살고 싶은 마음처럼 공을 잘 치고자 하는 마음이 깃들어 있습니다. 만약 두려움이 없다면 이미 성장이 끝났다든지 혹은 성장하고 싶은 욕구가 없는 것입니다. 따라서 두려움이 느껴진다면 역으로 자신이 성장할 수 있는 기회라는 걸 기억하면 좋겠습니다.

극복

그렇다면 이 두려움을, 그리고 불안을 어떻게 다루면 좋을까요? 성장에 필요하다고는 하지만 두려움이 엄습할 때 대부분 결과가 좋지 않습니다. 또 억지로 두려움을 떨쳐 내 봤자 더 큰 불안만 찾아옵니다. "긴장하지 않겠어!"라는 의지가 더 큰 긴장을 가져오는 것처럼 말이죠.

그렇다면 불안에 지배당하여 능력이 저하될 수밖에 없는 걸까요? 이를 극복하기 위해 불안이 찾아오는 원인을 명확히 하는 것이 좋겠습니다. 골프를 하며 찾아오는 불안의 종류에는 세 가지가 있습니다. 첫째는 통제 사고, 둘째는 부담, 셋째는 연상 능력입니다.

통제 사고에 의한 불안 극복

먼저 통제 사고는 초킹과 관련 있습니다.

초킹을 처음 언급한 사이언 베일락 교수의 저서 『부동의 심리학』에서는 이런 중요한 순간에 일어나는 불안상황에 대해 자세히 언급되어 있습니다. 그리고 그가 말한 해결책 중 대표적으로 골프에 필요한 두 가지를 뽑으라면 첫째는 지나친 분석적 사고를 사용하지 않는 것과 둘째는 그 불안을 만들어 내는 생각이 흘러가도록 내버려 두는 것이라 할 수 있습니다.

보통 골프가 어려워지는 입스의 원인 역시 이 두 가지로 정의됩니다. 지나치게 자신의 골프이론을 나열하거나 그것에 주의 집중될 때, 그리고 예전에 실수했던 트라우마에 대한 기억으로 아무것도 할 수 없거나 전혀 다른 스윙을 하게 되는 것이 그렇습니다. 그러므로 입스를 치료하려면 분석적으로 생각하지 말고 불안하더라도 그대로 스윙을 진행해야 합니다.

물론 말이 쉽습니다. 그렇지만 극복하지 못하고 굴복한다면 더 이상 발전은 없습니다. 손자병법에 지피지기(知彼知己) 하면 백전불태(百戰不殆)라 하여 나를 알고 불안을 알면 해결책이 보일 것입니다.

필드에서 불안을 자주 겪는 사람들을 뇌 과학적으로 본다면 주로 전두엽의 뇌를 사용하는 사람들입니다. 본능적인 부분을 통제하고 이성적인 사고를 주로 합니다. 이 뇌는 관리, 계획, 평가와 같은 '통제'

에 뛰어난 뇌입니다.

예컨대 골프 스윙을 이어지는 동작이 아닌 하나하나 구분적으로 이해하며 그것을 타인에게 말로 설명할 수 있을 정도로 세분화 되어있다면 위와 같은 내용을 골프에 사용하고 있는 것입니다. 이런 두뇌의 흐름은 누군가를 가르치거나 논증 할 때 좋지만 긴박한 실제 상황에서는 당황하게 될 수 있습니다. 실전에서는 시간이 한정되어 빠른 판단과 본능적인 움직임을 필요로 합니다. 반대로 연습보다는 실전과 시험에서 잘하는 사람들은 통제의 뇌보다는 흐름의 뇌를 주로 사용합니다. 운동선수들은 누구나 자기만의 리듬이 있는데 그 리듬이 실전에서도 이어져야 합니다.

따라서 특별한 의미를 부여하기보단 평소 해 오던 대로 하기 위한 노력을 합니다.

그래서 위대한 운동의 천재들은 자신이 어떻게 운동을 하는지에 대해 설명을 버벅거리는 경우가 많습니다. 이들에게 "골프를 어떻게 치는 거예요? 어떻게 하면 이렇게 잘 쳐요?"라고 물어보면 이들은 "'그냥' 치는데요"라는 말을 많이 합니다. 이들이 가르쳐 주기 싫어서 '그냥'이란 말을 하는 것은 아닙니다. 이들은 정말 자신의 몸이 평소 하던 대로 그냥 운동하고 있는 것입니다.

예를 들어 실전에 강한 선수들은 '세게 치자', '부드럽게 치자' 정도로 골프를 한다면 그렇지 못한 이들은 백스윙 탑에 올라가기 위해 클럽을 어느 방향으로 올릴지, 어디 몸부터 사용할지, 몸에 붙여 내릴지

띄워서 내릴지 등 복잡한 생각의 패턴을 가지고 있습니다. 실전에서 이를 완벽히 해 낼 골퍼는 없을 텐데 말이죠.

그래서 호주의 골프영웅인 '그렉 노먼'은 시합을 앞뒀을 때와 시합이 없는 비시즌에 연습법을 다르게 했습니다. 8:2연습법칙이라 불리는 이 법칙은 기술연습과 실전흐름연습을 나눈 연습법입니다.

기술연습은 스윙을 분석하거나 골프 채널, 동영상 사이트, 그리고 책과 레슨을 통해 얻는 지식을 자신의 몸에 주입하여 연습하는 것을 말합니다. 좀 더 발전된 모습을 갖추고자 할 때 이런 연습을 합니다.

실전흐름연습은 일종의 루틴연습이라고 하여 실전에 섰을 때 그립을 잡고, 공 앞에 스탠스를 취한 후 스윙을 시작하는 일련의 운동흐름을 말합니다. 이러한 리듬연습이 실전흐름연습입니다.

그렉 노먼은 시합시즌이 시작될 때 기술연습을 2로 하고 실전흐름연습을 8로 했다고 합니다. 반대로 시합이 끝난 뒤인 겨울시즌에는 기술연습을 8로 늘리고 실전흐름연습을 2로 줄였다고 합니다. 두려움이 가득한 실전에 대비하기 위해 자신이 어떠한 사고방식을 가지고 연습해야 되는지 알고 있었던 것입니다.

이런 모습을 통해 우리는 재미있는 사실을 발견할 수 있습니다. 선수로서 일등은 코치로서 일등이 되기 어렵고 코치로서 일등은 선수로서 일등이 되기 어렵다는 사실입니다. 즉 움직이는 팔과 다리를 설명하고 이해하는 사고는 누군가를 가르치는 것에 아주 탁월할 수 있지만 정해진 시간에 운동을 수행하는 능력에는 방해가 됩니다. 그래서 이런 통제의 두뇌를 많이 사용한다고 생각하는 사람은 선수가 되겠다거나 혹은 내기를 해서 이겨야 된다는 생각은 하지 않는 것이 좋습니다. 자신이 잘하는 일을 하는 것이 지혜로우니까요.

그럼에도 좋은 성과가 꼭 필요하다면 시합을 앞두고 본능적인 흐름이 흐르게끔 연습해야 합니다. 흐름연습은 스탠스를 취하고 백스윙을 시작하여 공을 치기까지를 분류하지 않고 한 묶음으로 묶어야 가능합니다.

그러므로 골프 연습이란 통제의 뇌를 이용해 자신을 발전시키는 것도 필요하지만 실전에 그것을 사용하기 위해서는 흐름 연습이 반드시 동반되어야 합니다.

부담으로 생기는 불안 극복

통제의 뇌를 사용하는 이들도 불안 상황에 자주 노출되지만 돌아갈 곳이 없다고 느끼는 이들도 이런 상황을 자주 마주합니다. 예를 들어 '난 이번이 마지막이다! 이번엔 꼭 잘 해야 한다!'와 같은 궁지에 몰린 사람들입니다. 춘추전국시대야 배수진을 치면 돌아갈 곳이 없어 죽기 살기로 싸워 승리하는 것이 통했지만 골프에서는 그것이 해가 됩니다. 이런 현상은 꼭 골프에만 국한되지 않습니다. 입시, 입사시험, 면접 등과 같이 기회가 한정적으로 느껴지는 모든 것에서 부담감이 생기기 쉽습니다.

물론 우리가 원하는 것을 이루기 위해 시험을 피할 수는 없습니다. 하지만 그 시험에 떨어진다고 해서 인생이 잘못될까요? 이런 생각은 어떤가요? 내가 무엇을 얻지 못함으로써 새로운 것을 해 볼 수 있었다고 말이죠. 만약 자신의 뜻대로 자신이 원하는 시험에 일사천리로 합격한다면 그 사람은 자신이 정한 자신의 틀 안에서 성공을 거둔 것입니다. 하지만 그것은 오직 자기 자신이 정한 틀입니다. 그 틀이 참인지 아닌지 혹은 그것이 자신이 할 수 있는 전부였는지는 알 수 없습니다. 꼭 그것이 잘되었다고 볼 수만은 없습니다.

오히려 그 일에 실패하여 세상이 필요로 하는 일을 찾아갈 때 인간은 위대한 성공을 하기도 합니다. 그래서 뜻대로 안 풀린 일들을 몇십 년이 지나 생각하면 "그때는 그럴만한 이유가 있었지. 다 이렇게 되려고 그때 그렇게 된 거였구나!" 하며 이해하게 됩니다.

골프도 지금 안 된다고 하여 그것을 너무 잘하려고 할 필요 없습니다. 노력해도 안 된다는 건 그로 인해 또 다른 교훈을 얻을 수 있다는 뜻이기도 합니다. 실제 골퍼들은 시행착오를 통해 남들과 차별되는 우월성을 갖습니다.

부담감이 자주 드는 현대인들에게 여행 작가인 '재니스 프롤리홀러'의 『세상의 모든 섬들이 내게 가르쳐 준 지혜』의 내용이 도움 될 수 있습니다.

이 책에서는 섬사람들의 생각을 엿볼 수 있는데, 섬사람들은 모든 일에 있어 의연하게 반응합니다. 그들은 이미 세상이 자신의 마음대로 움직이지 않는다는 사실을 알고 있고 또 그렇게 생각함으로써 몸과 마음이 지치지 않도록 합니다.

이들의 사고방식은 사람 마음의 풍요를 줍니다. 자신이 중심이 아닌 세상 속에 속한 자신을 보면서 말이죠.

하지만 중대한 상황이 왔을 때 사람은 이런 거시적인 사고보다 미시적인 사고에 빠져듭니다. 앞에 펼쳐진 일에 실패하여 더 좋은 미래가 기다릴 수도 있지만 그 순간 인간은 시야가 좁아져 생각이 편중되고 실패한 과제에 집중되어 고통 속에 머뭅니다. 특히 상상력이 좋은 사람일수록 이런 고통에 더 빠져듭니다.

연상능력이 만들어 낸 두려움 극복

미래에 대한 불확실성 때문일까요? 사람은 늘 불안합니다. 그래서 옛 시대에는 예언자라는 직업이 있을 정도였습니다. 항상 미래에 대한 걱정이 일기 때문입니다. 이런 걱정을 잠재울 수 있는 것은 긍정적인 상상뿐입니다.

골프공 앞에서도 사람은 상상합니다. '이 공을 치면 저리로 가겠구나', '이 공을 치면 멀리 가겠구나' 등등 말이죠. 그런데 문제는 그 상상이 때로는 부정적으로 치솟는다는 것입니다. 특히 중요한 상황에 실수를 했던 사람이라면 더욱 그렇습니다.

"이 공을 쳤는데 엉뚱한 데로 가면 어떡하지? 그래서 사람들이 날 우습게 생각하면?"

이와 같이 부정적 상상은 우리의 불안을 증폭시킵니다. 골프를 치던 도중 이런 장면이 있었습니다.

중요한 버디 퍼팅 앞에서 너무나 떨립니다.

중요한 티샷 앞에서 너무 긴장돼서 급해집니다.

공이 엉뚱한 데로 갈 것 같고 홀컵으로부터 크게 벗어 날 것만 같습니다.

그런데 그때 후배 병우가 말했습니다.

"형, 뭐가 그렇게 떨려?"

"형, 이거 못해도 돼. 이거 못한다고 잃을 거 없어."

"옆에 정기 형을 봐, 잃을 거 없으니깐 잘 하잖아."

현실주의자인 병우의 말에 깨달았습니다.

"맞네. 진짜 잃을 게 없네. 그런데 난 왜 이렇게 지킬 게 많은 것처럼 느껴질까?"

자신도 모르는 사이에 지금 앞에 놓인 상황을 어렵게 만들어 버린 것입니다. 특히 상상력이 좋을수록, 연상력이 좋을수록, 현실보다는 이상주의자에 가까울수록 이러한 두려움을 스스로 크게 만들어 내는 경향이 있습니다. 실제 상황은 그리 큰 두려움이 닥칠 상황이 아닌데도 말입니다.

사람은 그렇게 자신 스스로가 생각한 모습을 보고 두려워합니다. 한 예로 벌레를 무서워하는 사람들이 실제 벌레를 무서워한다고 할 수 없습니다. 벌레 자체가 자신을 해치는 경우는 극히 드물기 때문입니다. 오히려 그 벌레가 사람을 무서워하기 일쑤입니다. 그러나 그것이 자신에게 해가 된다는 상상을 통해서 우리는 무서움을 갖습니다. 그 무서운 정도가 심할 때는 소름을 끼칠 정도로 심해집니다.

이렇게 연상력이 좋은 사람일수록 두려움에 잘 빠집니다. 두려움을 키우는 생각을 스스로 키우는 것입니다. 하지만 이들의 이면에는 아이러니하게도 긍정적인 면이 자리하고 있습니다. 조금 나쁘게 말하면 세상을 너무 아름답게만 봅니다. 그 세상 안에서 자신에게는 불행한 일이 일어나지 않고 좋은 일만 일어날 것이라는 기대 속에서 살아갑니다.

이는 사회적 배경도 한몫하고 있습니다. 여러 방송 매체와 영화, 책들은 자신이 원하는 것들로 머릿속을 꽉 채우라고 말합니다. 자신 스스로 만든 유토피아적인 사고에 갇히게 하는 것입니다. 문제는 우리의 여린 사고가 이런 세계관에 젖게 되면 자신의 이상 속에서만 살게 되어 통찰력을 잃는다는 것입니다.

그래서 이들은 용납할 수 없는 상황이 자신에게 펼쳐졌을 때 이를 거부하게 됩니다. 눈을 감듯 회피합니다. 두려움이 커질 수밖에 없습니다. 이미 현실의 상황보다 더 큰 상상력으로 공포가 커지기 때문입니다.

그러므로 이들에게 가장 필요한 것은 현실 직시입니다. 혹시 '행복한 비관주의자'라는 말을 들어보셨나요? 보통 비관주의자라고 하면 부정적인 면만 보고 부정적인 말만 해 대는 평론가를 생각할 수 있습니다.

그런데 그들 중 행복한 사람들이 있습니다. 보통 비관한다는 것은 문제점을 말하는 것이기는 합니다. 그러나 상황을 통찰할 때 좋은 점만 보고 판단하는 것보단 단점들을 있는 그대로 보고 인정하여 수용한 후 장점을 보는 것이 훨씬 정서에 좋습니다.

이렇게 되면 두려움이 커질 일이 없습니다. 있는 그대로 용납했으니까요. 더 나아가서는 세상이 아름답다고 생각하는 것보단 세상은 깨지고 힘든 세상이라 인정한 후 그 세상 속에서 나는 세상의 기쁨과 아름다움을 회복하기 위해 어떻게 행동할 것인가를 생각하는 것이 좋습니다.

앞에 놓인 공이 오른쪽으로도, 왼쪽으로도 갈 수 있다고 전제한 뒤 나는 어떻게 해야 가운데로 공을 보낼 수 있겠는가. 생각해 보는 것입니다.

그럼에도 부정적인 상상을 멈출 수 없다면 그 일이 그렇게 큰일이 아니라는 것을 자신에게 알려 주어야 합니다. 실제로 자신이 상상하는 일이 일어날 가능성은 90%도 안 되지만 그 일이 일어났다고 해서 당황할 필요는 없습니다. 여태껏 자신이 살아온 인생을 돌아보십시오. 자신이 생각했던 최악의 상황이 왔다고 해서 자신이 크게 잘못되지 않았습니다.

그 상황 속에서 자신은 멋지게 문제해결능력을 발휘해 왔고, 그것은 우리를 성장시켜 왔습니다. 그러므로 자신에게 알려줄 수 있어야 합니다. 그 일이 일어나더라도 그리 커다란 일이 아니라고 말이죠. 그리고 타이거 우즈의 말처럼 불안은 우리에게 필요할 수 있습니다. 그 감정을 어떻게 이용하느냐에 따라서 말입니다.

불안을 설렘으로

불안은 일종의 스트레스 상태입니다. 평상시 호르몬의 활동과는 다른 활동이 일어나고 있는 상태입니다. 하지만 운동 상황에서의 신체적 긴장은 앞으로 해야 할 행동에 대한 준비이기도 합니다. 이때 나타나는 긴장은 위기에 처한 상황을 벗어나는 것과 난관에 부딪친 사람을 도와야 하는 상황과 다르지 않습니다.

우리의 신경이 얼마나 똑똑하고 재빠른지 우리가 하고자 하는 일에 대해 미리 준비를 하는 것입니다. 공 앞에 서는 순간 나타나는 긴장을 회피하지 않는다면 그 능력은 고스란히 초능력처럼 평소보다 훨씬 멋진 모습을 보이는 데에 사용될 수 있습니다.

『승자의 뇌』로 유명한 이안 로버트슨의 새로운 저서 『스트레스는 나쁜 것이 아닙니까?』에서 그는 2008년 시카고 대학교 심리학교수인 시안 베일룩(sian beilock)의 연산 능력 신뢰도 실험에 대해 말했습니다. 그 실험은 똑같은 스트레스 상태에서 자신을 믿는 그룹과 그렇지 않은 그룹으로 나눠어 수행능력을 평가하는 실험이었습니다. 재미있게도 스트레스 상황이지만 자신을 믿는 사람들은 수행능력이 더 증가되었고 자신을 걱정하는 그룹은 수행능력이 저하되었습니다.

이 실험 내용은 어쩌면 당연한지도 모르겠습니다. 자신의 능력을 신뢰하는 사람과 그렇지 못한 사람은 당연히 차이를 보입니다. 하지만 본문에 중점은 스트레스 상황을 긍정적으로 이용할 수 있다는 데에 있습니다. 타이거 우즈 선수가 자신이 긴장하지 않는 날이 골프를 그만두는 날이라고 한 이유도 여기에 있습니다. 다음은 저의 솔직한 경험입니다.

실제로 사람들마다 긴장하는 정도는 다르지만 유난히 긴장을 많이 하는 사람들이 있다. 내가 그렇다. 나는 굉장히 많이 긴장한다. 특히 내기골프를 하거나 시합에 나갈 때는 더욱 그렇다. 고등학교 첫 시합 때는 너무나 긴장한 나머지 구토를 할 정도였다. 그래서 긴장을

적으로만 삼고 십여 년을 살아왔다. 미숙한 나는 잘하고 싶은 욕심을 몸이 따라와 주지 못해 긴장을 많이 하는 줄 알았다. 하지만 세월이 흘러 몸에 근육과 살이 붙어도 긴장은 역시 같았다. 이러한 과정에서 골프토너먼트에서 많은 실패를 거듭했지만 이상하게 골프를 놓을 수 없었다. 그리고 주위 사람들이 나에게 해 주었던 말 중 가장 많이 들었던 말이 생각났다. "넌 정말 열정적이야"

실제로 연습생 시절 잠을 자면 자는 대로, 안 자면 안 자는 대로 동이 트는 시간에 맞춰 일어나 눈이 새빨간 상태에서 새벽 라운드를 마칠 정도였다. 그렇다. 나는 그렇게 골프에 열정적인 사람이었다. 이런 내용을 볼 때 골프 안에서 가장 큰 긴장을 하게 된다는 것이 어찌 보면 당연한 일이라 생각했다. 사람들과 관계를 맺거나, 놀이를 하거나, 공부할 때에는 긴장이 되지 않았기에 골프를 치며 찾아온 긴장이 나의 열정과 큰 관련이 있다는 사실을 깨달았다. 그리고 생각을 바꾸기 시작했다.

긴장이 된다는 것은 내가 움직이는 데 필요한 불안지수가 생긴 것뿐이라고, 그것으로 인해 나는 내 몸을 더 열정적으로 사용할 수 있게 되었다고 말이다. 그래서 이제는 골프장에서 찾아오는 긴장이 반갑다. 예전에는 그 긴장이 찾아오면 이 긴장 때문에 나는 골프를 잘 못 칠거라 생각했지만 지금은 그 긴장을 이용한다. 이렇게 찾아온 불안을 나의 골프 열정에 적용시키고자 한다.

실제로 라운드 내에서 내기 경기를 시작하면 분위기가 달라집니다. 긴장이 밖으로 드러나는 사람과 그렇지 않은 사람의 차이일 뿐 모두가 긴장하게 됩니다. 그런데 이럴 때 간혹 몇몇 사람들의 경기력이 평상시를 뛰어넘는 것을 볼 수 있습니다. 깜짝깜짝 놀라는 일이 일어납니다. 먼 거리에서 홀컵으로 바로 공이 들어간다거나 어프로치샷이 홀에 들어가기도 합니다. 그리고 경기를 마치고 났을 때 자신의 최고 스코어를 기록하기도 합니다. 물론 긴장 때문에 경기가 안 될 수도 있지만 긴장감이 든다고 해서 꼭 경기를 망치는 것만은 아닙니다.

그러므로 긴장이 자신의 경기를 무너트렸다고 쉽게 정의해서는 안 됩니다. 그렇게 되면 긴장이 주는 선물을 받지 못합니다. 두려움으로부터 시작한 불안. 그리고 그로 인해 생기는 신체적 긴장은 나쁜 것이 아닙니다. 그것을 반길 수 있을 때 어쩌면 긴장을 다스리는 지혜가 생기는지도 모르겠습니다.

결론

'해리 바든'이라는 전설의 선수가 있었습니다. 그는 메이저 대회인 '브리티시 오픈'을 6승이나 한 선수였습니다. 이 선수는 자신의 저서에서 이렇게 말했습니다.

"골퍼는 둘로 나뉠 수 있다. 긴장감을 잘 다스려 성공하는 골퍼와 그렇지 못한 골퍼다."

바든처럼 긴장을 다스리는 것은 결코 쉽지 않은 일입니다. 그러나 긴장은 사람이 충분히 이용할 수 있는 감정입니다.

불안은 늘 우리에게 주어집니다. 아무리 지식을 쌓고 수련과 심호흡을 할지언정 잠시 나타나지 않게 할 수 있을 뿐, 불안을 사라지게 할 수 없습니다. 불안은 늘 우리와 함께 있는 소중한 감정입니다. 하지만 이 감정이 증폭되어 과도한 몸의 긴장으로 나타날 때 우리는 당황합니다. 불안이 나쁜 것이라고만 생각합니다. 그리고 그 감정을 회피하고 싶어 눈을 감습니다.

그러나 다시 한번 생각해 보십시오. 불안지수가 그렇게 오르는 이유는 그 떨림이 앞으로 할 일에 대한 예비 신호가 되어 주기 때문입니다. 불안은 우리의 몸을 미리 준비시켜 줍니다. 이것보다 더 좋은 워밍업은 없습니다. 불안이란 하나의 동기 부여 에너지입니다. 오늘도 어김없이 불안이 찾아온다면 이렇게 반겨 보십시오.

"이 불안을 가지고 지금 해야 할 일을 잘해 보자."

두려움이 가져다주는 불안은 잘 사용하면 설렘이 되고, 그렇지 못하면 적이 되어 버립니다. 불안이 찾아와 손발이 떨리기 시작했다면 그 에너지를 앞으로 할 일에 써 보십시오. 베스트 경기는 주로 많은 긴장감 속에서 나타납니다. 우승퍼팅을 남긴 선수들이 떨리는 손으로 홀컵에 공을 넣는다는 사실을, 훌륭한 가수가 떨리는 손으로 마이크를 잡고 있다는 사실을 잊지 마십시오. 불안이 설렘으로 그리고 그 설렘이 몰입으로 바뀐 날은 18홀이 언제 끝났는지 아쉬울 뿐입니다.

두려움, 그리고 불안과 긴장. 이것에 무지했을 뿐 이제는 긴장을 반기고 긴장을 이용해 샷의 컨디션과, 퍼팅의 집중력을 올려 볼 차례입니다.

3. 기쁨, 그리고 희망

기쁨

아기들은 웃습니다. 주위 사람을 기쁘게 할 정도로 영아기 아기들의 웃음에는 순수함이 담겨 있습니다.

아기들은 자고 먹고 소화를 마치면 기쁨을 찾습니다. 여기서 조금 더 성장해 유아기가 되면 놀이를 찾습니다. 놀이를 통해 기쁨을 얻으려 합니다. 그런데 참 아이러니하게도 이런 놀이를 통해 아이들은 사회관계가 발달되고, 자신의 능력 또한 개발됩니다.

실제로 학습 심리학에서는 놀이를 통해 신체 및 두뇌 기능이 발달된다고 합니다. 그렇게 아이들은 놀이라는 기쁨과 자라납니다.

어른들은 어떨까요? 어른들에 두뇌에는 어른이 되는 과정에서 필요한 신경들이 자리 잡혀 있습니다. 불상사를 막기 위한 두려움의 뇌부터 무언가를 잘하고자 하는 부담감까지 어른들은 다양한 감정에 사로잡혀 있습니다. 그래서 그럴까요? 기쁨을 찾기 위한 놀이에는 별로 관심 있어 보이지 않습니다.

하지만 기쁨을 통해서 얻게 되는 많은 이익은 어른에게도 해당됩니다. 기쁨은 우리에게 도파민을 부여하고 정서적인 도움을 줍니다.

골프에서도 이런 기쁨에 대한 추구가 필요합니다. 기쁨으로 인해 생기는 에너지는 발걸음을 가볍게 하고, 몸의 움직임을 원활히 하기 때문입니다. 당연히 학습 속도도 빨라집니다.

물론 진지함을 대동하는 것이 골프게임이지만 골프의 본질이 놀이라는 사실을 잊어서는 안 됩니다. 놀이를 과학처럼, 예체능을 암기과목처럼 할 필요는 없으니까요.

그렇다면 골프를 통해 얻을 수 있는 기쁨은 무엇이 있을까요? 골프가 주는 즐거움을 알고 싶습니다.

골프의 매력

첫째는 이미지입니다.

누구나 골프를 하게 되면 상상이라는 이미지(image)를 합니다. 특히 골프장에 가기 전날이면, 그곳에서 펼칠 멋진 샷과 동반자와 즐겁게 나아가는 것을 꿈꿉니다. 또 실전에 가서는 자신의 공이 어떻게 날아갈지 상상하게 되고, 여유가 있을 때는 동반자의 공이 어떻게 갈지 상상의 선을 그리기도 합니다. 골프가 잘 되는 날은 땅에 줄을 그은 것처럼 퍼팅라인이 그려지기도 하며 클럽이 움직이는 선이 선명해지기도 합니다. 그렇게 상상한대로 공이 날아가면 큰 희열이 오기도합니다. 미적 시각이 골프와 함께하는 것입니다.

두 번째는 소리입니다.

도심과 떨어져 고요한 환경 속에 들려오는 동반자의 목소리는 반갑게 느껴집니다. 그리고 동반자의 노력으로 생겨 난 골프공과 클럽이 내는 청아한 소리는 나를 즐겁게 하고 내가 친 굿 샷은 상대를 즐겁게 합니다. 또한 필드를 걸을 때 들려오는 아침 새소리, 이슬을 거치며 그린 위로 굴러가는 공 소리와 서로를 격려하는 우리들의 음성은 오케스트라 못지않은 즐거움과 따뜻함을 선사합니다.

이렇게 다양한 움직임 속에서 나타나는 소리들이 우리를 즐겁게 합니다.

마지막으로 골프를 하며 얻게 되는 가장 큰 즐거움은 마치 여행을 하듯 티잉그라운드에서 그린까지 앞으로 나아가며 진행된다는 것입니다. 그것도 여럿이서 말이죠. 이런 모습은 마치 티잉그라운드에서 세네 명이 모여 결의를 다진 후 다양한 길로 갔다가 다시 그린에서 만나는 전사들처럼 보이기도 합니다. 티샷 후 중간 과정을 스스로 극복하고 그린에서 멋지게 재회합니다. 과정은 다르나 시작과 끝을 같이 합니다.

하지만 각자 다른 결과로 그린에서 만났기에 참으로 다양한 골프를 서로 직간접적으로 경험하게 됩니다. 이렇게 골프는 많은 매력과 함께합니다.

그런데 이렇게 즐거운 골프에 흥미를 잃을 때가 있습니다. 시간이 지난 만큼 실력이 늘지 않음에 실망하고, 무언가 지켜야 하는 것들이 많아질 때입니다. 점점 골프는 재미있으며 신나고 기쁜 것이 아닌 어려운 것이 되어만 갑니다. 아쉽게도 누군가는 골프 라운드에 부담까지 느끼게 됩니다. 왜 그런 것일까요?

지킬 것이 많아지는 골프

기쁨 있는 골프는 흐름과 함께합니다. 고인 물이 썩듯 흐름이 없는 골프는 우리를 힘들게 합니다. 티에서부터 그린까지 흘러야 할 흐름이 억제될 때, 제어할 수밖에 없을 때 그것이 골프를 통해 느끼는 즐거움을 방해합니다. 그렇다면 이 흐름을 억제하는 것에는 무엇이 있을까요? 보통 두 가지 정도로 볼 수 있습니다.

첫째는 자세에 대한 생각입니다.

자세는 골프 칠 때 나타나는 모양을 말합니다. 이는 사람에 따라, 구력에 따라, 유연성에 따라, 생각에 따라 다르게 나타납니다. 파리의 수많은 예술작품보다 더 다양한 것이 골프 스윙 자세입니다. 하지만 사람들은 각자 자신이 원하는 이상적인 자세가 있습니다. 그리고 그 이상과 현실은 다릅니다. 자신이 생각하는 자신의 외모가 실제와 다르듯 말이죠. 그래서 주변 이들로부터 스윙을 지적 당하면 그때부터 행동을 의식하고 스윙을 의심합니다.

이때부터 수많은 방법론을 떠올립니다. 저번 주에 받은 골프 레슨부터 어제 연습장에서 남편이 지적해 준 내용까지 골퍼의 머릿속은 복잡해지기 시작합니다.

보통 같으면 티에 공을 놓고 그린으로 쏘는 재미가 있었다면 이제는 무엇을 해야 할지, 무엇을 배웠는지 기억하기 바쁩니다. 이 순간부터는 골프가 아닙니다. 예체능 과목인 골프가 암기 과목으로 바뀝니다.

당연히 타깃으로 가는 흐름이 끊깁니다. 또한 방법론적인 생각이 계속 든다는 것은 스윙의 흐름을 막게 될 가능성이 큽니다. 스윙이란 한 축을 중심으로 왔다 갔다 하는 그네와 같은 원리인데 사람이 배운 것을 생각하고 무언가를 외우듯 골프를 치게 되면 그네가 버벅거리듯 스윙에 속도도 잃습니다. 결국 자세에 대한 스트레스는 경기의 리듬, 스윙 리듬에 악영향을 줍니다.

둘째는 스코어입니다.

축구에서 아무리 좋은 경기를 펼쳐도 골을 넣지 못하면 다음 라운드에 진출하지 못합니다. 결과를 나타내는 스코어는 스포츠에서 뗄 수 없는 관계입니다. 골프도 결국 스코어가 남게 됩니다. 그런데 과연 스코어가 정말 골프 실력을 대변하는 걸까요?

최경주 프로는 한 인터뷰에서 스코어와 실력은 별개라고 말합니다. 스코어보단 경기 내용을 중시하라고 합니다. 실제로 드라이버를 못 치고 아이언을 엉뚱한 데 보내 놓고 숏 게임을 잘해서 par라는 괜찮은 스코어를 기록할 수도 있습니다. 그렇게 18홀이 지나면 72타라는 even 스코어를 기록합니다. 어프로치를 잘해 파 세이브를 하는 전략입니다. 3학년 1반이라고도 말하는 3 on 1 putt입니다. 그런데 이런 경기를 펼치게 되면 뭐랄까요. 아쉬움이 함께하고 희망의 빛이 엷어집니다.

이것은 실화입니다.

> "중요한 시합에서 73타를 기록했다. 별들의 잔치인 1부 투어가 아닌 이상 1오버파면 꽤 괜찮은 스코어이고, 상위권에 랭크되었다. 그런데 이날 경기에서 한 번도 아이언샷을 그린에 올린 적이 없었다. 그린으로부터 20m에서 70m까지 한 홀만 빼고 모두 삼학년 1반 전략이 통한 것이다. 이렇게 좋은 스코어를 기록했지만 다음날 시합이 염려되었다. 다음날도 똑같이 할 수 있는 자신이 없었기 때문이다. 즉 롱 게임이 잘 되지 않아 경기 운영에 계속되는 어려움을 겪게 될 것이고, 티에서 그린으로 나아가는 재미있는 흐름도 느낄 수 없기에 아무런 동기가 생기지 않았다."

위 내용 중 중요한 사실 하나는 좋은 스코어는 기록했지만 버디가 나올 수 없는 경기를 했다는 것입니다. 롱 게임이 좋지 못하면 버디는 고사하고 파가 최고의 스코어가 됩니다. 이렇게 되면 경기에 대한 희망이 사라집니다. 아무리 실력이 없다 하더라도 누구든지 버디를 꿈꾸고 이글을 꿈꿉니다. 희망입니다. 희망이 없으면 재미가 없어지고 재미가 없어지면 집중력이 상실됩니다. 결국 좋은 스코어를 기록하긴 했지만 그 스코어가 자신의 골프 실력이 아니라는 것입니다.

또 사람이 자신의 평균타수에 집착하는 것보다 보기나 더블보기가 나올지언정 도전적이고 모험적으로 플레이할 수 있어야 자신의 재능을 십분 끌어올릴 수 있습니다. 그래야 필요한 실력이 쌓이고 그것이 나중에 가서 좋은 스코어를 탄생시킵니다. 그러므로 성장을 원한다면 스코어를 기록하는 게임과 분별돼야 합니다.

자세와 스코어로부터 진정한 자유를 얻는 것이 골프의 최고심리단계입니다 하지만 이렇게 되는 것이 쉽지만은 않습니다. 어떻게 하면 좋을까요?

인정 욕구

골퍼는 스스로 자신의 자세를 볼 수 없습니다. 오직 옆에 있는 사람만이 볼 수 있습니다. 그러므로 자세를 신경 쓴다는 것은 나의 즐거움이 아니라 남을 의식한다는 뜻이기도 합니다.

물론 남을 의식하지 않는 사람은 없습니다. 그러나 골프는 공을 치는 게임이지 자세를 뽐내는 운동이 아닙니다. 문제는 이를 알면서도 제어하기 어렵다는 것입니다. 사람의 깊은 본성 때문인지, 사람은 누구나 자신의 이상적인 모습을 남에게 비추고 싶습니다. 그래서 그들에게 증명하고 인정받고 싶습니다. "나는 이런 스윙을 구사하는 멋진 사람이다."라고 말이죠.

매일 다르다

스코어는 어떤가요? 사실 어떤 면에서 스코어는 무의미한 면도 있습니다.

보통 골프계에서 실력을 가늠하기 위해 스코어를 물어볼 때 "평균 스코어가 어떻게 되세요? 얼마나 쳐요?"라고 묻습니다. 이를 다르게 해석하면 "핸디캡이 얼마나 되세요?" 미국에서는 "What is your golf handicap?"이라고 합니다. 이 말의 뜻은 곧 "당신이 18홀 동안에 얼마나 많은 실수를 하나요?"라는 질문과 같습니다.

즉 핸디캡이 높은 100타 정도를 치는 사람은 "저는 28번의 실수를 합니다." 반대로 핸디캡이 낮은 약 78타를 치는 사람은 "네, 저는 6번의 실수를 합니다."라고 이야기합니다. 어떤가요? 이렇게 보니 조금 이상하지 않나요? 다른 운동은 잘해? 못해? 정도로 물어보는데 골프는 조금 특이합니다. 이렇게 진행될 수밖에 없는 것은 골프가 실수의 게임이기에 그렇습니다. 득점을 올리는 게임도 아니고 시간을 단축하는 게임도 아닙니다.

골프는 18홀 동안 72타라는 정규 타수가 주어지고 그것을 최소한으로 지키는 게임법칙을 가지고 있습니다. 그러므로 어쩌면 골프에서 스코어를 잃어버리는 일은 안타까운 것이 아니라 당연한 일이라 볼 수 있습니다. 그렇다면 스코어는 어떻게 정의를 내려야 좋을까요?

사람들에게 "보통 몇 타나 치세요?"라는 질문에 어떤 사람은 마지막에 기록한 타수를 말합니다. 어떤 이는 여태껏 가장 잘했던 스코어를 말합니다. 어떤 이는 아직 쳐보지 못한 스코어를 말하며 과시하기도 합니다. 그런데 여기 가장 인상적인 대답이 하나 있습니다. 평균 싱글 플레이를 자랑하는 한 여인은 골프 스코어에 대해 이렇게 말했습니다.

"코스마다 다르고 날마다 다르죠."

이보다 더 정답에 가까운 답이 있을까요? 평소에 고수라 소문난 그녀는 스코어를 대하는 태도가 남달랐습니다.

실제로 스코어란 이런 부분입니다. 그날의 객관적인 도표를 뽑아

내는 하나의 좌표일 뿐입니다. 이것이 자신의 실력을 대변하지 않습니다. 물론 평균을 통해 자신의 실력을 어느 정도 가늠할 순 있겠지만 골퍼의 실력은 단순히 스코어에 있지 않습니다. 드라이버의 비거리가 레귤러 온[2]을 할 수 있을 정도의 거리를 갖추었는지, 그리고 그 샷이 페어웨이를 얼마나 적중할 수 있는지, 아이언은 임팩트가 정확히 되고 있는지, 그린 방향으로 날아가는 확률이 얼마나 되는지, 자신이 생각한 거리감대로 어프로치를 할 수 있는지, 자신 있는 퍼팅 스트로크를 하고 있는지 등 이러한 행동을 통해서만이 그 사람의 실력을 정확히 알 수 있습니다.

그럼에도 사람은 스코어라는 숫자의 늪에서 헤어 나오기 힘듭니다. 자유보다는 점수에 얽매입니다. 안타깝게도 이런 얽매임이 우리의 기쁨을 빼앗습니다.

자신이 정해 놓은 혹은 남들이 정해 놓은 자세와 스코어를 지키기 위해 골프를 한다면, 차가운 얼음처럼 꽁꽁 얼어붙은 골프를 할 뿐입니다. 얼마나 슬픈 일입니까.

---

2 파4에서 2번 만에, 파5에서 3번 만에, 파3에서 1번 만에 그린에 올릴 수 있는 능력.

자기중심성

도대체 왜 우리는 기쁨을 방해하는 것들을 놓지 못할까요? 선각자들은 말합니다. 왜 뜨거운 것을 쥐고 그것을 어떡해야 할지 묻느냐고 말이죠. 그것들을 내려놓으라고 합니다.

안 좋은 걸 알면서도 내려놓지 못하는 것. 상식적으로 용납되지 않습니다. 머리로는 이해되는데 행동이 되지 않는 것처럼 자세를 의식하고 스코어를 의식하는 것을 내려놓을 수 없습니다.

왜 그런 것일까요?

여러분은 혹시 자기중심성이란 말에 대해 생각해 보신 적 있으신가요? '자기중심성'이란 세상의 중심이 자신이고, 자신을 중심으로 세상이 돌아간다는 생각을 말합니다. 마치 코페르니쿠스가 지동설을 말하기 전에 사람들이 지구가 중심이고 우리 곁을 태양이 돈다고 믿었던 것처럼 말입니다. 하지만 실제로 지구는 태양을 중심으로 회전하고 있었고 또 인류가 그것을 받아들임으로써 지구문명은 발전할 수 있었습니다. 만약에 사람 역시 자신을 중심으로 세상이 돈다고 자각되는 이가 있다면 그 사람의 성장이나 혹은 정서 자체의 어려움을 겪을 수 있습니다. 반대로 자신이 중심이 아님을 인정한다면 마음의 평안을 얻고 그때부터 지구의 문명처럼 사람은 나아갈 수 있습니다.

그렇다면 우리가 자세에 매달리고 스코어에 얽매이는 감정이 어디서부터 오게 된 건지 조금은 알 수 있을 것 같습니다. 이런 집착은 바로 '자기중심성'으로부터 시작됩니다. 자신의 모습이 남에게 잘 보이고 싶고, 자신이 위대하다는 사실을 사람들에게 알리고 싶어 하는 자기중심성 말입니다. 이게 왜 자기중심성이 될까요? 우리 개개인은 세상의 조화를 이루기 위한 하나의 조각품입니다. 사람 인체 각 부분이 각각 균형을 이루어 훌륭한 인간을 만들어 내듯 각자의 재능을 가지고 역할을 맡아 최선을 다할 때 그 세상은 아름답게 조화를 이뤄 갑니다. 그런데 남들보다 더 나아야 한다는, 자신이 그 누구보다 위대하다는 생각은 그 조화를 무너트립니다.

"내가 저 사람보다는 잘해야지, 이 상황은 내가 허락하지 않았는데? 나는 꼭 이때 이렇게 해야만 하는데?"와 같은 생각은 모두 자기중심성의 씨앗입니다.

이런 사고들은 우리의 평정심을 잃게 하고 점점 보이지 않는 나락으로 떨어트립니다. 사람은 자신의 이상과 세상이 부조화를 이룰 때 괴로움을 겪게 되기 때문입니다. 결국 '나'의 육신이 말하는 '나'의 중심을 선택하면 할수록 스스로 힘들어집니다.

물론 이런 마음을 갖지 않고 자신만은 선하게 살았다는 사람들이 있습니다. 골프를 치면서도 남들에게 잘 보이거나 자신이 으뜸이 되고 싶은 마음을 내 본 적이 없다고 말이죠. 그러나 이는 자기중심성이 없는 사람들이 아니라 그것이 아직 외적으로 표현되거나 그런 환경이 주어지지 않았을 뿐입니다.

사실 그렇지 않나요? 독일에 히틀러를 좋아하는 사람은 없습니다. 그러나 자신의 내면에서는 한번쯤 그와 같은 삶을 꿈꿔 보기도 합니다. 꼭 히틀러가 아니더라도 자신이 주인공이 되는 순간을 한번쯤 생각합니다. 만약 그 순간이 여러분에게 실제로 찾아온다면 여러분은 어떤 선택을 할 것입니까?

우리가 문학을 좋아하며 공감할 수 있는 이유도 이런 정서가 함께 하기에 그렇다고 문학평론가 신형철 씨는 말합니다.

"타인은 단순하게 나쁜 사람이고 나는 복잡하게 좋은 사람인 것이 아니라, 우리 모두가 대체로 복잡하게 나쁜 사람이라는 것을."

문학이나 영화를 보는 우리는 주인공에 매료되고 공감하게 됩니다. 그리고 그가 법적, 도덕적으로 잘못을 저지르더라도 전개와 사건을 통해 그를 이해하게 됩니다. 비록 그 주인공이 도둑이나 살인마일지라도 말이죠.

실제로 문학이나 영화는 우리의 깊은 내면세계를 밖으로 잘 표현해 냅니다. 아이들이 총을 쏘고 칼을 휘두르는 게임을 좋아하는 것도 마찬가지입니다. 인간은 누구나 내면 깊은 곳에 이런 마음이 있습니다.

안 좋은 영화를 보며 '나는 저렇게 되지 않아', '나는 도덕적으로 살고 있기에 저런 일과는 거리가 멀다'고 생각하지만 좋지 않은 환경과, 자신을 통제할 수 없는 어쩔 수 없는 상황이 닥치면 누구나 사건 중심에 설 수 있습니다. 질투, 욕심, 분노 등은 분명 우리를 힘들게 합니다.

하지만 이런 문제를 일으키는 내면세계를 인정한다면 회복은 시작될 수 있습니다. 인정하지 않는다면 자기중심적인 마음을 부인하게 되고, 자신을 있는 그대로 볼 수 없습니다. 그래서 자신을 용납해야 합니다.

"아, 내가 또 자기중심적으로 생각하는구나. 기쁨을 빼앗아가는 이것에 내가 현혹되고 있구나. 나는 잘해야 하는 존재가 아닌 조화를 이루는 존재다!"

의아하게 기쁨은 여기서부터 오게 됩니다. 그래서일까요? 실제로 자신을 좀 내려놓고 자신이 작은 존재라 생각하며 살아가는 이들은 소소한 기쁨이 삶에 젖습니다. 골프 역시 이러한 상태가 될 때 처음 골프를 접하며 느꼈던 행복한 감정과 골프의 매력들을 다시금 느낄 수 있습니다. 자세와 스코어에 가려져 보이지 않았던 산들바람의 풍경과 계절마다 바뀌는 꽃들도 보이게 되며 동반자와 함께 그린으로 걸어가는 아름다운 리듬이 게임 속에 스며듭니다.

그런데 한 가지. 이런 생각을 할 때 오해하게 되는 부분이 있습니다. 자신을 내려놓고 자기중심성을 포기한다는 것이 노력하지 않는 삶이라고 생각하는 것입니다. 그러나 이는 진리를 잘못 이해한 것입니다. 자신을 내세우며 자신을 들어내는 것을 멈추고 세상의 조화에 맞게 살아간다는 것은 인간의 가장 큰 덕목입니다. 그런데 이것은 우리 삶에 있어 하나의 사고일 뿐입니다. 즉 사람이 가리키는 정신의 방향일 뿐이지 이를 위해 노력하지 않는 삶을 산다는 것은 전혀 다른 이야기입니다.

주어진 삶

내려놓았다고 무기력하게 골프를 칠 순 없습니다. 삶도 다르지 않습니다. 자신을 내어 주어 기쁨을 갖게 되는 것이 오용된다면 허무하고 무의미한 삶으로 변질됩니다. 그렇다면 어떻게 자기중심성을 접어 두고, 보람 있는 삶을 살 수 있을까요? 우리는 이를 위해 한 가지 가설을 세울 수 있어야 합니다. 바로 우리 삶이 대부분 주어졌다는 사실입니다.

우리는 지금까지 삶을 살아오면서 자신이 원해서, 스스로의 판단으로 지금 이 자리까지 도달했다고 생각될 때가 많습니다. 그런데 잘 들여다보면 태어남, 부모, 성별, 키, 외모, 성격, 재능과 같은 것들이 우리의 선택과 무관하게 이뤄졌다는 것을 알 수 있습니다.

실제로 이 모든 것들은 우리에게 주어졌습니다. 마치 선물처럼 말이죠.

우리가 살고 있는 사회에서는 자신의 인생을, 자신의 명예를, 자신의 재력을, 자신의 권리를 가지라고 가르칩니다. 그래서 이것들이 전부로만 느껴질 때가 많습니다. 그런데 정말 이렇게 살았을 때 우리 삶의 마지막은 어떨까요? 혹시 채울 수 없는 공허함이 생기진 않을까요? 그러나 자신의 삶이 자신의 것이 아닌 주어진 삶이라고 생각한다면 그 끝은 달라질 수 있습니다.

자신이 회사를 위탁받은 CEO처럼 삶의 실소유자가 아니라 운영을 맡아 행해야 할 사람이 된다면 삶의 끝에 큰 보람이 올 수 있다는 것입니다.

물론 이를 과학적으로 증명할 방법은 없습니다. 그런데 하나는 확실합니다. 이렇게 생각하는 순간부터 자신의 펼쳐진 삶은 중요해지고, 함부로 대하지 않게 됩니다. 또한 이기적인 마음으로 사회에 악이 되지도 않습니다. 자연스럽게 자기중심성은 점점 사라지고 기쁨의 상태에서 삶의 최선을 다하며 살아가게 됩니다.

왜 그럴까요? 삶의 주인이 자신이라면 주어진 시간에 욕구를 채우는 것으로 급급하겠지만 삶을 위임받았다고 생각한다면 받은 몸과 정신을 발전시키고 성장시켜야겠다는 생각이 먼저 들게 됩니다. 그러니 하루하루, 일분일초가 소중합니다. 성과도 내야 하고, 주어진 에너지와 주어진 역량을 바탕으로 자아실현 하겠다는 의지가 본능적으로 물듭니다.

당연히 남과 비교하지도, 남의 것을 탐내지도 않으면서 자신의 삶에 최선을 다하게 됩니다. 자기중심적인 삶보단 성실과 의로운 삶에 가까워집니다. 그 삶을 준 이가 신이든 자연이든 최소한 올바른 삶을 선택하고 사는 것이 도리라고 생각하며 살게 됩니다. 그리고 모호했던 경계선이 정확히 세워지기 시작합니다.

골프의 기점이 정확해야 샷이 정확해지는 것처럼 인생에 있어서도 자신이 집중해야 할 부분과 자신이 관여하지 말아야 할 부분들이 명확해지기 시작합니다. 결국 자신이 쟁취하고 경쟁하는 삶보단 주어진 삶에 성실히 임하는 것이 보람과 기쁨을 동시에 얻게 합니다.

골프 라운드는 어떤가요? 혹은 골프 연습을 할 수 있는 지금의 시간은 어떤가요? 혹시 이것들이 주어진 것은 아닐까요? 그리고 자신은 위임 받았습니다. 나에게 주어진 시간을 헛되이 쓰는 것이 아닌 값지고 보람 있게 사용하라고 말이죠. 그래서 우리는 설렙니다. 자신이 해야 하는 일이 아닌 특명을 임명 받았기에 희망찹니다. 그리고 그 희망으로 주어진 일에 정성을 쏟습니다. 골프 샷 하나하나 주어진 공 앞에 최선을 다하고, 한 샷 한 샷이 너무나 소중합니다. 그리고 이제 기쁨이 함께하기에 그것들을 수월히 해내 갈 수 있습니다.

Ⅳ

실전골프

1. 흐름

골프라는 운동은 여러 관점으로 다가갈 수 있습니다.

이론, 연습, 실전, 시합 혹은 내기와 같은 다양한 관점이 골프에 존재합니다. 이 모두는 골프라는 공통분모 아래 다르게 나타납니다. 어떻게 똑같은 골프인데 달라지는 걸까요? 특히 실전에서는 연습했던 과거를 의심할 정도로 다른 골프를 경험합니다.

연습장에서 체계적인 스윙을 만들었다고 하지만 이런 것들이 어디 갔는지 우왕좌왕합니다. 생각 같아서는 쉬워 보이는 골프가 어려워지는 순간이기도 합니다. 왜 그럴까요? 연습과 달리 공을 칠 수 있는 기회가 한번뿐이라 그럴까요?

시합이나 내기가 걸린 골프는 더욱 다르게 느껴집니다. 내기 상황에서는 마치 살얼음판에서 공을 치는 것 같습니다. 괜히 긴장되기도 하고 동작도 불편합니다. 조그마한 실수에도 예민해지고요.

이렇게 골프는 주어진 상황에 따라 달라집니다. 그래서 골프 실력을 뽐내는 사람을 찾기 힘든 것 같습니다. 매번 변하는 골프를 정의할 수 없으니까요. SNS와 같은 곳이야 최고의 샷을 선별해 동영상 업로드가 가능하나 보통 게임에는 실수가 곁들여 있습니다. 우승하는 선수조차 그날의 실수와 위기를 피할 수 없으니 경기 중 곤란한 상황이 왔을 때 스스로 헤쳐 나갈 수 있는 힘은 골퍼에게 중요한 능력이 됩니다.

레슨이 실전골프를 어렵게 한다?

모든 예체능 분야는 선생님이 있습니다. 일상적이지 않은 길이기에 길을 인도해 주는 사람이 함께합니다. 골프의 가르침은 19세기부터 스코틀랜드 프로들에 의해 시작되었습니다. 이때까지만 해도 언어 위주로 교습이 이어지다가 20세기에 들어서는 카메라와 미디어의 발달로 비디오 레슨이 등장했습니다. 사람들은 이런 시대의 발달이 골프의 발전을 가져올 것이라고 확신했습니다. 유명 선수들이 골프공을 칠 때 어떤 자세를 취하는지 알게 되었으니까요.

하지만 이런 문화는 누군가에게 도움이 되었지만 누군가에게는 골프를 더 어렵게 했습니다.

공을 치는 게임을 자세를 따라 하는 게임으로 바꾸었기 때문입니다. 물론 자세를 모방하는 건 어느 정도 도움이 되지만 과하면 모자란 것만 못합니다.

골프의 동작은 1.6초에서 2초 혹은 길게는 3초 안에 끝납니다. 이는 육상에서 열심히 뛰어가 뜀틀을 넘는 순간과 유사합니다. 만약 뜀틀을 넘는 데 있어 너무 어려움에 처한 이가 있다면 그에게 비디오 분석이 도움 될 것입니다. 자신의 실패 원인을 정확히 알 수 있기 때문입니다. 그런데 반대로 뜀틀을 잘 넘는 사람이 분석을 통해 자신의 동작을 면밀히 알게 된다면 운동에 어려움을 겪게 됩니다.

사람의 운동근육은 조건반응처럼 한 동작을 취하면 다음 동작이 나타나는 연속성을 지니고 있는데, 자신의 자세에 너무 집중해 버리면 연속성이 사라지고 초급 댄스반에서 한 박자 느린 안무를 하듯 어설픈 동작을 하기 때문입니다. 그리고 이러한 어설픔은 분절적인 동작과 연관이 있는데 이런 학습법을 분습법이라 합니다.

분습법

골프가 어려운 초급자는 한 번에 스윙하는 것이 어렵습니다. 그래서 하나의 스윙을 어드레스, 테이크어웨이, 코킹, 백스윙 탑, 레깅, 임팩트, 팔로스로우, 피니쉬 등으로 나뉘어 동작에 대한 이해를 합니다. 그리고 그 동작이 완성되도록 하나하나 따로 연습합니다. 어떻게 보면 골프 스윙을 이해하는 데에는 이러한 분습법만한 것이 없을 것입니다. 또한 골프를 가르치는 것을 목적으로 하는 사람이라면 분습법 학습은 필수로 알아야 합니다. 하지만 이러한 분습의 단점은 연습장에서만 국한된다는 것입니다.

필드에서는 경사의 파악, 공이 놓인 상태, 자신이 치고자 하는 샷, 그 샷에 대한 상상과 계획, 루틴을 통한 안정된 셋업, 자신감 있는 타격과 같은 전체 흐름을 중심으로 플레이가 이루어집니다. 분습법으로 했던 학습이 들어갈 틈이 없습니다. 연습한 것을 사용할 수 없게 되는 것입니다.

물론 분습법이 도움 되는 사람들이 있습니다. 너무나 잘못된 길을 가고 있는 사람들입니다. 골프에 필요한 균형 잡힌 스윙이 0이라면 -5에 가 있는 사람에게 +5에 대한 분습적인 학습이 들어가야 합니다. 그러나 -5가 아닌 -1, -2 정도에 머물러 있는 사람이라면 분습적인 사고가 해가 될 수 있습니다. 어느 정도 괜찮은 플레이를 하는 사람에게 특정 동작에 대한 지시는 그 동작에 얽매이게 하여 불편한 동작을 이끌기 때문입니다.

그래서 요즘은 골프를 배울 때 처음 하는 '똑딱 볼'이 아닌 처음부터 풀스윙으로 학습하는 경우가 많아졌습니다. 이런 학습을 보통 전습법이라고 합니다.

전습법

바쁜 현대문명 그리고 성격 급한 현대인에게 골프를 배운다는 것은 부담일 수 있습니다. 똑딱 볼부터 풀스윙까지 짧게는 1달 길게는 3달이란 시간은 너무나 가혹합니다. 어쩌면 골프를 배우다 그만두는 사람이 많은 이유도 이 같이 분습적인 학습이 널리 퍼져 그런지도 모르겠습니다.

전습법은 분습법과 반대입니다. 전체를 한 번에 학습하는 방법입니다. 예를 들어 '어머니'라는 단어를 배울 때 분습법은 자음, 모음을 먼저 배운 뒤 이를 연결하는 것이라면 전습법은 '어머니'라는 단어를 통째로 익히는 것입니다. 문법적으로 배운 사람은 필기시험에는 강하나 회화에 약할 수 있습니다.

반대로 어머니라고 하는 전습으로 배운 학생은 필기시험에는 약하나 실전인 외국인과 대화에는 강할 수 있습니다. 아무래도 골프를 배우는 목적은 필드에서 사용하기 위함이니 전자보다는 후자가 훨씬 유리할 것입니다. 그러므로 분습법을 나쁘다고 할 순 없으나 골퍼가 실전에서 강해지기 위해 필요한 학습법은 전습법입니다.

첫걸음 골프

그렇다면 골프를 생전 처음 경험하는 사람은 어떻게 시작해야 좋을까요? 전습법이 좋다지만 공 맞추는 것도 버거운 이에게 처음부터 큰 스윙을 하라는 건 부담으로 느낄 수 있습니다.

그래서 처음 골프를 배우러 온 이에게 코치는 그림을 통해서 경기의 내용을 설명해줘야 합니다. 다짜고짜 공을 치고, 자세를 교정한다면 그는 아무런 동기가 생기지 않습니다. 게임의 흐름을 설명해 주고 드라이버는 언제 치는지 아이언과 퍼팅은 언제 치는지 등을 알아야 합니다. 그래서 그에게 타깃에 대한 목표의식을 심어 줄 수 있어야 합니다. 왜 그럴까요?

야구에서 투수가 공을 잘 던질 때는 단순히 포수의 글러브를 향해 자신이 던지고자 하는 공을 던질 때라 합니다. 만약 그 전에 투수가 팔꿈치를 어디로 빼고, 몸을 어떻게 회전시켜야 하는지에 대해 생각한다면 그 공이 어디로 갈지 상상할 수 없습니다. 축구 선수도 골문이 열려 있는 순간 차고자 하는 타깃에 집중해야 합니다. 그 순간 '왼발을 어떻게 딛고 오른발은 45도로 들어서 공을 발등으로 차야지'라고 생각한다면 그 선수는 다음 년도 연봉계약에 어려움을 겪게 될 것입니다.

골프도 다르지 않습니다. 실전에서 잘하기 위한 골프를 배우려면 타깃에 대한 이해부터 시작돼야 합니다. 그리고 자신이 넣어야 할 홀에 훌륭한 샷을 하기 위한 학습이 시작돼야 올바른 방향으로 골프를 학습할 수 있습니다. 당연한 말 같지만 이와 반대로 잘못된 방향으로 학습되는 경우가 많습니다.

현재 골프계의 문제

현재 골프계는 미디어의 발달로 '자세' 타령에 빠져 있습니다. 마치 골프를 잘하기 위해서는 미디어에서 정해 준 자세를 똑같이 해야만 가능하다고들 믿고 있을 정도입니다. 그런데 골프의 본질은 땅에 놓인 공을 쳐서 원하는 곳에 보내는 운동입니다. 그리고 그것을 위해 할 수 있는 방법은 약 이천 가지가 넘습니다. 그럼에도 그것을 위한 방법이 하나밖에 없다는 식의 강한 주장은 실전골프에 강한 사람을 키워낼 수 없도록 합니다. 골프가 예체능이라는 사실을 잊어서는 안 됩니다.

미국 같은 경우 필드가 많고 저렴한 골프장이 많습니다. 그래서 웨지와 같은 작은 클럽을 가지고 코스를 한 바퀴 돌며 성장하는 사람들이 꽤 있습니다. 이와 같은 시작은 골프에 큰 부담을 느끼지 않게 하고, 가장 중요한 숏 게임과 퍼팅을 익히도록 합니다. 즉 골프에 패턴과 흐름을 자연스레 깨닫게 됩니다. 또한 이런 흐름에 걸맞은 풀스윙이 생겨날 때 실전에 강한 골퍼로 탄생합니다. 실제 미국 투어선수들의 대다수는 이러한 방법으로 골프를 접했습니다.

하지만 이런 환경이 주어지지 않는 우리나라에서는 어떻게 해야 할까요?

예체능을 빨리 배우는 방법

환경을 탓하기보다는 그 안에서 최대 효율을 낼 수 있는 방법을 찾는 게 필요합니다. 좋은 방법 중 하나는 드라이버로 배우는 것입니다. 아이언 같은 경우 땅에 붙어 있는 공을 쳐야 하기에 공을 칠 수 있는 접촉면이 적습니다. 그래서 스윙이 정확하지 않으면 공을 맞추기 어렵습니다. 이에 반해 드라이버는 티 위에 공이 떠 있어서 접촉면이 상당히 넓습니다. 이로 인해 골퍼의 부담감은 내려가고 자율성은 올라갑니다. 즉 마음껏 스윙할 수 있게 됩니다. 또 드라이버는 클럽 자체가 길고 헤드무게를 잘 느낄 수 있도록 설계 돼 있습니다. 이는 클럽을 휘두르며 원심력 같은 힘을 느끼도록 합니다.

특히 연습장에서 늘지 않는 실력으로 지루함을 느끼고 있다면 반드시 드라이버를 잡아야 합니다. 생각보다 몸의 동작도 커지고, 목표를 향해 클럽 가속을 어떻게 내야 좋을지 감각도 생깁니다. 간단히 노래를 배우더라도 한 소절만 복창하면 지루하고 따분하지만, 작은 곡이라도 한곡을 완주하면 뿌듯하고 희망이 생기는 것처럼 스윙도 완성형으로 해야 합니다.

드라이버로 2주에서 3주 정도 훈련하고 아이언 샷을 쳐보면 그전에 클럽을 다루었던 것보다 쉽게 아이언을 다룰 수 있게 됩니다. 따라서 골프경기를 이해한 뒤 드라이버와 같은 마음껏 휘두를 수 있는 클럽으로 스윙을 시작한다면 실전골프에 대해 좀 더 자유로워질 수 있습니다. 다시 말해 필드에 빠르게 나갈 수 있게 됩니다.

그리고 이제 필드에 나갔다면 골프를 느낄 수 있어야 합니다. 골프를 느낀다는 것은 흐름을 느낀다는 것입니다.

흐름

공동체 안에서 대화를 나눌 때 그 대화의 맥락을 알지 못하면 참여할 수 없습니다. 그 대화에 참여하는 방법은 대화의 흐름을 읽어 스스로 녹아 들어가는 것입니다.

골프라는 게임 안에서도 흐름이 존재합니다. 단순히 앞에 있는 공을 치면 될 것 같지만 모든 운동이 그렇듯 게임 속 흐름에 잘 녹아드느냐 그렇지 못하느냐에 따라 경기 결과는 사뭇 달라집니다.

타이거 우즈라는 위대한 선수는 이 흐름 속으로 잘 스며드는 선수중 하나입니다. 가끔 이 선수의 플레이를 보고 있으면 마치 오케스트라의 지휘자처럼 선율 안으로 자신의 심신이 모두 빠져드는 것을 볼 수 있습니다. 이러한 영향력은 보는 사람도 몰입하게 합니다. 그리고 타이거 우즈 선수는 이럴 때 기적 같은 플레이를 펼치며 우승했습니다. 이런 현상을 보통 골프에서는 존(zone)에 들어갔다고 표현합니다.

다른 선수들 역시 우승을 경험할 때는 자신의 스코어나 주위의 방해 요소들로부터 해방되어 완전히 자신의 플레이와 경기운영에 집중되는 경우가 많다고 합니다. 이들 역시 존에 들어간 것입니다. 이처럼 흐름은, 눈에 보이지 않지만 우리에게 가장 큰 영향력을 행사합니다.

그런데 이렇게 중요한 흐름이 골퍼들에게 무시되는 경우가 많습니다. "기술만 잘 익히면 됐지 흐름까지 신경 써야 하나?" 할 정도로 흐름의 중요성은 부각되지 못하고 있습니다. 하지만 운동에 있어 흐름은 그 무엇보다도 존중 받아야 합니다. 흐름은 우리의 집중력과도 연결되기 때문입니다.

예컨대 예술을 하는 사람들이 한 작품에 몰입했을 때 밥도 안 먹고 끝까지 하는 것은 그 흐름을 이어가고 싶어서입니다. 음악과 그림 글 모두 좋은 흐름 속에서 자신이 원하던 작품이 탄생합니다. 이뿐만 아니라 일상생활에서 걷기, 말하기, 생각하기 등 모든 것에서 흐름은 함께합니다.

성인의 흐름

흐름은 또 물과 비교될 수 있습니다. '흐르다'라는 말을 살피면 사건의 흐름, 시간의 흐름, 세월의 흐름 등 모두 흘러가는 과정을 말하고 있습니다. 줄기에 물이 흘러 잎으로 전달되듯 흐름은 과정을 나타내며 결과로 흘러갑니다. 사람의 인생이 태어남에서 죽음으로 흘러가듯 말입니다.

중국에 성인 노자는 사람의 삶을 물에 비유하고는 했습니다.

노자가 쓴 『도덕경』에는 상선약수(上善若水)라 하여 물과 같은 가장 위대한 선은 없다고 하였습니다.

"물은 자신의 고유형태가 없어서 어디로 흐르든, 그것에 자신을 잘 맞추고, 세상의 흐름대로 위에서 아래로 흘러간다. 그리고 결국에 물은 가장 아래에 도달하여 바다와 같이 넓은 곳에 도달한다."

이런 노자의 말을 이해한다면 사람이 물과 같은 흐름을 가졌을 때 그 인생의 과정이 헛되지 않음을 말하고 있습니다. 물과 같이 흘러 가장 낮은 곳으로 들어갈 것인가, 혹은 위로 가고 싶은 마음에 고인 물이 되어 썩게 될 것인지는 자신 스스로 정할 수 있습니다.

골프에서도 마찬가지입니다. 좋은 샷에 너무 심취해 그곳에 머물러 자기기만에 빠질 것인가, 아니면 계속해서 주어지는 상황에 집중할 것인가 하고 결정할 수 있습니다. 아마도 현재의 샷에 집중하는 것이 과거에 빠져 헤어 나오지 못하는 것보다 나을 것입니다.

실제로 골퍼는 18홀 동안 계속해서 그린으로 공을 몰고 갑니다.

티잉그라운드 → 세컨샷 → 그린 주변 혹은 그린 → 홀컵 → 다음 홀 티잉그라운드

타임

사실 모든 스포츠에는 이런 흐름을 중요시 여깁니다. 그래서 배구나 농구는 팀의 흐름이 좋지 않을 때 감독이 정지시킵니다. 일명 '작전타임'을 선언하고 선수들에게 재정비할 시간을 줍니다.

게임 안에서 보이지 않는 흐름을 게임 밖 감독은 너무나 잘 알고 있습니다. 그런데 아쉽게도 골프에는 감독이 없으며 작전타임도 존재하지 않습니다. 그렇다면 골퍼가 할 수 있는 것은 무엇일까요?

마크 피셔의 『골퍼와 백만장자』에서는 주인공 티칭프로가 실패로 인해 무기력에 빠져 있는 상태에서 백만장자를 만나 다시 시합장으로 복귀하는 과정을 그립니다. 이 과정에서 샷을 하기 전 어두운 면이 생기고 두려운 상황이 닥쳐왔을 때 그것을 '정지'하라는 백만장자의 충고와 조언에 주인공은 다시 성공의 길로 들어서게 됩니다.

소설에 있는 이야기이지만 흐름이 안 좋을 때 사용할 수 있는 '정지' 기법은 골퍼에게 도움 됩니다. 악순환을 끊지 못하면 악순환은 지속되니까요. 그래서 골퍼는 스스로의 감독이 돼야 합니다.

아니 근데 지금 공 치기도 바쁜데 스스로에게 감독이 되라니? 골퍼가 해야 할 일이 혹독하게 느껴질지 모릅니다. 그런데 우리에게는 육체와 같은 무의식이 있고, 자신을 인지하는 자의식이 있습니다. 더 나아간다면 영혼과 같은 자신을 있는 그대로 볼 수 있는 또 하나의 의식도 있습니다. 그래서 누구나 조그마한 관심만 있다면 자기 자신을 볼 수 있습니다. 물론 사람의 시야는 외부를 향해 있기에 비디오처럼 명확히 볼 순 없습니다. 그러나 시신경은 특별합니다. 잠을 잘 때 눈을 감고 있지만 꿈을 꾸면 그 장면이 보이는 것처럼, 자신의 생각과 행동을 느끼고 볼 수 있습니다.

그렇다면 어떤 흐름이 좋은 흐름이고 어떤 흐름이 좋지 않은 흐름일까요?

나쁜 흐름

프로선수나 고수들의 경기는 항상 매 홀 파(par) 이상에 목적을 두고 있습니다. 그래서 이들은 매 홀 파가 나오면 지루하게 생각합니다. 그런데 어느 날은 본의 아니게 타수를 잃는 보기가 계속 나옵니다. 그것도 짧은 2.5m 이내의 퍼팅을 놓치면서 말이죠. 보통 연속보기라 하는 이 상황은 프로들을 안 좋은 흐름으로 이끌어 갑니다.

그렇게 계속되는 보기가 본인의 목표 타수를 넘어버리는 순간 초조해지고, 초조함은 골퍼를 조급하게 만들어 더블보기나 트리플보기를 부릅니다. 그러므로 이러한 상황이 온다면 '정지'를 외치고 전략을 조금씩 바꿔 가야 합니다.

멀리 치는 것보단 정확한 티샷, 핀 옆에 붙이고자 하는 아이언 샷보다는 넓고 평평한 곳을 공략하는 여유, 그리고 자신의 감을 믿고 롱퍼팅 내지 어프로치를 하겠다는 의지로 재무장 한다면 악순환은 종료되고 다시 버디를 목적으로 하는 파 행진으로 들어설 것입니다.

이와는 조금 다르게 골프를 즐기는 일반 사람들은 명쾌한 샷을 경험하기 위해 필드 위에 섭니다. 이들에게 안 좋은 흐름이란 뒤땅이나 탑핑 등 정확히 맞지 않는 샷이 나올 때입니다. 연습장에서야 한번 더 치면 되지만 마무리를 해야 하는 실전에서 공을 제대로 못 맞추면 앞으로 가기는커녕 땅만 파게 됩니다.

이때부터 골퍼는 흐름이 끊기고 생각이 많아지기 시작합니다.

타이밍이 잘못되었나? 자세가 잘못되었나? 혹시 어드레스가? 그립이? 아니면 어제 먹은 술이 아직 해독이 안 된 건가? 하는 등 많은 생각에 휩싸여 골프의 흐름은 끊기고 안 좋은 흐름에 접어듭니다.

이럴 때 '정지'를 외쳐야 합니다. 그리고 자신을 있는 그대로 바라보며 격려해야 합니다. 뒤땅이나 탑볼은 핸디캡을 가진 아마추어라면 누구나 겪는 일이고, 몇 번에 실수에 연연할 필요 없다는 것을 일깨워야 합니다. 그리고 자신의 스윙을 신뢰하고 가볍게 팔의 힘을 빼고 부드럽게 치자는 마인드를 가지면 다시 좋은 흐름으로 갈 수 있습니다.

좋은 흐름

좋은 흐름이란 잘 되는 날을 말합니다. 잘 될 때는 뭐든지 잘 됩니다. 적당히만 치자고 해도 잘 됩니다. 이것이 좋은 흐름입니다. 그런데 좋은 흐름을 타는 것이 쉽지 않습니다. 그래서 골퍼들은 좋은 흐름에 들어가기 위해 끊임없이 노력합니다. 그중 하나가 루틴입니다. 골프의 필수불가결한 이것은 좋은 흐름을 타게끔 해 줍니다. 루틴은 골프에서 일종의 샷을 시작하기 위한 절차를 말합니다. 이 루틴은 연습장에서의 샷을 실전에서도 나올 수 있게 하는 신체적이면서도 정신적인 귀한 기술입니다.

타이거 우즈 선수의 전성기적 모습을 보면 그의 팬들이 그가 샷을 하기 전 어떤 동작을 취하는지, 그리고 골프공을 치기 전에 어떤 속도로 골프공에 다가가는지에 대해 플러스마이너스 0.5초 정도로 예측할 수 있었습니다. 그만큼 타이거 우즈는 자신이 준비한 루틴에 충실했습니다.

물론 루틴이 꼭 해야만 하는 강박이 되어버리면 그 의미를 잃습니다. 루틴은 골프의 약자들에게 그 순간만큼 집중할 수 있도록 도와주는 도구이자 중압감을 잠시나마 잊게 해주는 안식처입니다.

그러므로 선수만큼은 아니더라도 루틴을 이용해 누구나 좋은 흐름으로 한 발짝 나아갈 수 있어야 합니다.

목적 지향

좋은 루틴을 만들기 위해서는 타깃으로 공을 보내고 싶어 하는 마음, 자신의 의도가 타깃에 온전히 담기게 하는 것이 좋습니다.

축구 같은 경우 11명의 팀이 상대의 골문에 골을 넣는 것을 목표로 할 때 올바른 팀이 됩니다. 만약 골을 넣는 것이 아닌 자신들의 개인 기량만 뽐내고 자신들의 골대가 있는 곳에서 공을 돌리기만 한다면 이것은 제대로 된 팀이 아닐 것입니다. 11명의 팀원 모두가 상대 골문의 골이라는 목표의식을 정확히 할 때 그로 인한 과정들이 생겨납니다.

그러므로 모든 샷을 하기 전 루틴의 첫 번째 의도는 타깃에 대한 목표의식입니다. 타깃을 바라보거나, 타깃을 향해 걸어 들어가는 것이 루틴의 핵심입니다. 그리고 그 타깃으로부터 자신이 반응되게 하는 것이 루틴의 목적이 됩니다. 만약 골퍼가 타깃으로부터 멀어진다면 뜻하지 않은 늪에 빠질 수 있기 때문입니다.

『마태복음』에 베드로는 자신이 따르던 예수를 보고 물을 걷는 기적을 행합니다. 그런데 거센 바람이 불어오는 것을 느낀 그는 그만 예수에게서 시선을 떼어 물에 빠져 버리게 됩니다.

믿음에 대한 내용이지만 이 부분이 골퍼의 타깃에 대한 목적의식과 아주 흡사합니다. 타깃으로부터의 시선을 잃은 골퍼는 수많은 방해 요소에 휘말립니다.

특히 중대한 순간에 압박감이 자리하면 자신도 모르게 심적 방해를 받습니다. 이럴 때 잃어버리는 게 타깃의식입니다. 자신을 방어하고 싶은 심리기제에 집중되어 그렇습니다. 그런데 만약 목적을 분명히 할 수 있는 루틴이 있다면 그것이 우리를 지켜 주고 골프에 다시 집중할 수 있도록 합니다. 즉 좋은 흐름을 위한 루틴은 타깃에 대한 집중력이 높은 루틴입니다.

스윙의 전설인 벤 호건 선수는 타깃에 대한 애착이 상당했습니다. 티잉그라운드에서 페어웨이 언덕에 한 점을 찍어 홀을 공략할 정도라고 합니다. 이 선수는 역대 최고의 스윙으로도 유명한데 아마 타깃이 원하는 스윙이 가장 좋은 스윙이 되기에 그럴 것입니다. 그런데 우리의 현실은 어떤가요?

"헤드업하면 안 된다, 공을 끝까지 봐야 한다. 스윙을 어떻게 해야 한다"와 같은 생각에 빠져 타깃은 항상 뒷전에 있습니다. 과연 이것이 올바른 운동 방법일까요? 혹시 이것으로 인해 엉뚱한 흐름을 타게 되는 것은 아닌지 걱정됩니다.

우리는 연습을 연습 같이, 실전은 시험 같이 골프를 하고 있습니다. 이상하죠? '연습을 실전 같이 실전을 연습 같이'라는 말이 올바르지 않을까요? 골프의 가장 좋은 흐름은 타깃으로 자신의 집중력을 온통 기울일 때 나타납니다. 그리고 한 가지 필요한 것이 있습니다.

과학적인 루틴

루틴에 있어 '타깃지향'과 필요한 한 가지는 왜글입니다. 왜글은 골퍼가 타격을 위해 준비하는 몸의 워밍업입니다. 이는 골프가 다른 스포츠와는 다르게 아래에 있는 공을 쳐야만 공이 타깃으로 날아가기에 그렇습니다. 그렇다면 이 두 가지가 연결될 수 있을까요? 타깃을 보는 것과 공을 치는 것이 하나가 될 수 있도록 말입니다.

'조건학습'이란 학습법에 의해 가능해집니다. 타이거 우즈 선수는 공을 치기 전 손을 두어 번 흔드는데, 이 부분이 조건학습된 것입니다. 즉 이 동작은 타깃으로 흐르는 흐름과, 공을 쳐야 하는 기술의 연결을 의미합니다.

조건학습의 대표적인 예는 파블로프 효과입니다. 파블로프 효과란 한 실험에서부터 온 내용입니다.

> 강아지에게 먹이를 준다. 강아지는 침샘이 자극된다.
>
> 이번엔 강아지에게 '딸랑 딸랑' 종을 흔든 뒤 먹이를 준다. 강아지는 역시 침샘이 자극된다.
>
> 이를 지속적으로 반복해 준다.
>
> 반복 후에 강아지에게 '딸랑 딸랑' 종만 흔든다. 먹이를 주지 않았음에도 강아지는 그래 왔던 것처럼 침샘이 자극되었다.

처음에 강아지는 먹는 것을 보았을 때만 침샘이 자극됐습니다. 먹을 것이라는 '무조건 자극'으로 침샘이 자극된 것입니다. 그런데 그 사이의 종소리를 끼워 넣음으로써 종이 울리면 먹을 것이 온다는 생각이 학습됐습니다. 그래서 종이 울린 '조건자극'만으로 강아지의 침샘은 자극됩니다. 마치 먹을 것을 본 것처럼 말이죠.

이렇게 되면 종이 울리는 것과 먹을 것을 보는 것을 두뇌에서 똑같이 받아들입니다. 사람에게도 이런 기능이 있습니다. 이를 골프 학습에 응용해야 합니다. 골퍼에게는 타깃이 가장 중요하나 타깃에만 몰두하게 되면 타격능력이 저하됩니다. 타깃으로 움직이는 흐름과 공을 치는 흐름은 다르기 때문입니다. 그래서 골퍼는 두 마리 토끼를 잡기 위해 타깃을 본 뒤, 다시 공을 향해 손목을 흔들어 주는 왜글을 해줘야 합니다. (꼭 손목이 아니더라도 마음속에서의 작은 스윙, 혹은 좋은 느낌을 갖는 것으로도 왜글이 가능하다.)

이것이 반복되면 타깃에 대한 마음을 고스란히 간직하면서도 공을 칠 수 있는 준비가 됩니다. 타깃에 대한 관심과 왜글이 두뇌에서 하나로 연결됩니다. 타깃을 보는 순간 골퍼는 그곳으로 공을 너무나 치고 싶어집니다.

이 같은 과정이 자신의 평소 샷을 나올 수 있게 합니다. 그리고 이것이 타깃으로 보낼 수 있는 유일한 방법이란 것을 심어 주는 것이 루틴의 학습입니다.

보통의 프로골퍼는 이러한 과정을 거치게 됩니다.

1. 타깃을 본다.
2. 공이 있는 자리로 걸어 들어갈 때 타깃을 바라보며 들어간다.
3. 공 앞에 선다.
4. 타깃을 한번 본다(이때 타깃으로 흐르는 흐름이 강력히 작용한다).
5. 이제 그곳으로 공을 보내는 방법은 공을 치는 것이라고 암시한다.
6. 타깃으로 공을 치기 위한 잠재된 기술을 워밍업(왜글) 시킨다.
7. 타깃으로 공을 보내는 방법은 나의 타격기술을 사용하는 것이 된다.

루틴 안에 왜글이 학습된다면 실전에서 강해질 수 있습니다. 한 예로 베이징올림픽에 출전하는 대한민국 양궁대표팀은 중국의 거칠고 시끄러운 응원 속에서 집중할 수 있는 연습을 위해 잠실야구장에서 루틴 훈련을 했습니다. 어느 곳에서든지 집중할 수 있도록 하는 그들의 루틴 학습은 그들을 금메달이라는 좋은 결과로 이끌었습니다.

실전공식

실전 골프의 공식은 다음과 같습니다.

타깃 응시=타깃으로 공 보내기=자신의 기술

이 모든 게 한 세트가 되도록 하는 것이 실전에 대비한 연습입니다. 그리고 이러한 루틴을 이어가기 위해 꼭 필요한 것이 있습니다.

바로 수용입니다. 많은 심리학에서도 중요시 여기는 '수용'은 골퍼의 루틴을 지속할 수 있도록 합니다.

자신이 정성껏 만들어 온 루틴이 성공할 때도 많겠지만 실패할 때도 있습니다. 하지만 이를 수용하지 않고 자신에게 문제 제기를 한다면 그 루틴은 더 이상 신뢰할 수 없는 루틴이 돼 버립니다. 그러므로 실수한 샷을 있는 그대로 용납하고 자신의 루틴에 지속적인 신뢰를 갖는 것이 필요합니다. 이것이 루틴을 보존하고 계속해서 성장시켜 나갈 수 있는 방법입니다.

우리는 이러한 이상적인 골프의 흐름을 누릴 필요가 있습니다. 타깃으로의 리듬은 우리에게 가장 큰 즐거움을 주는 것이기 때문입니다.

그리고 이를 지속하기 위해 필요한 것이 하나 더 있습니다. 숏 게임입니다. 숏 게임이 좋지 못하면 훌륭한 샷의 대한 보상이 따르지 않습니다. 그래서 허무합니다. 그러나 반대로 숏 게임을 잘 한다면 흐름이 안 좋은 상황에서도 다시 재기할 수 있는 활력이 생깁니다.

부동의 숏 게임

보통 그린 주변에서의 샷을 어프로치 샷이라 합니다. 어프로치의 뜻은 핀으로 자신의 공을 근접하게 보내는 것을 말합니다. 골퍼가 세컨샷으로 그린 공략에 실패하거나 혹은 그린에 미치지 못했을 때 주로 합니다.

이는 마치 농구 경기에서 골을 넣지 못했을 때 다시 공격 찬스를 만들어 낼 수 있는 리바운드나 축구경기에서 튼튼한 수비라인과 같이 공격수로 하여금 믿음을 줄 수 있게 하는 든든한 대들보 역할을 합니다. 곧 경기가 잘 될 때에는 더 잘 되게 해 주고, 경기가 안 풀리는 위기 상황에서 해방시켜 줍니다. 물론 항상 완벽한 경기를 펼치면 좋겠습니다만 실수는 최고의 선수도 빗겨갈 수 없습니다. 우승하는 경기라도 그린에 모두 적중할 순 없으니까요.

다행히도 세상은 잘 될 때 잘하는 것보단, 어렵고 힘든 상황 속에서 그것을 극복하고 이겨 내는 것에 높은 평가를 합니다. 어프로치를 잘하는 사람도 그렇습니다. 이들은 독하다는 말을 들을 정도로 강인한 인상을 남깁니다.

'코리 페이빈'이라는 선수는 경쟁자들이 300yd를 칠 때 250yd를 치던 선수였습니다. 이 선수는 자신의 장점인 무리하지 않는 샷과, 환상의 숏 게임으로 'us오픈'에서 우승까지 했습니다. 꼭 장타를 치는 화려한 선수만이 훌륭한 선수로 남는 것은 아닙니다. 그리고 이런 플레이를 잘하는 사람들은 우리 주변에도 상당히 있습니다.

> 상금시합에 나갔을 때였다. 필자는 그날따라 골프 샷이 잘 되어 1번, 2번, 3번 홀을 무난히 파를 해 나갈 수 있었다. 하지만 동반자였던 정 프로는 컨디션이 안 좋은지 땅볼과 슬라이스 등 어려움을 겪었다. 하지만 1번 홀에서는 30m 어프로치를 홀 근처에 갖다놓은 뒤 파 세이브를 하고, 2번 홀에서는 벙커샷을 핀에 붙여 파 세이브를 하였다. 3번 홀에서는 7m의 어려운 파 퍼팅을 성공시켜 스코어를 잃지 않으며 훌륭한 리커버리를 보여줬다.
> 필자와 같이 EVEN이라는 스코어로 3번 홀까지 종료했지만 4번 홀부터 정 프로의 경기는 달라졌다. 어려운 파 세이브를 몇 번 한 뒤 마치 밑바닥을 딛고 힘차게 도약한 독수리처럼 날아올랐던 것이다. 그렇게 그는 안 좋은 컨디션 속에서도 위기관리를 토대로 상승세를 이어가며 3언더파의 스코어로 입상했다. 반면 필자는 샷이 잘 됐음에도 2오버파의 무난한 스코어에 그칠 수밖에 없었다.

이러한 경기뿐 아니라 같이 친 동반자가 타수를 많이 친 것 같아도 스코어는 좋은 사람들이 있습니다. 그런 사람들이 숏 게임을 잘하는 사람들입니다. 한 번에 혹은 두 번에 쉽게 그린에 도달하여 퍼터를 여러 번 한 것보다 세네 번에 도달했지만 1퍼팅으로 마무리할 수 있는 그가 좋은 스코어를 기록합니다.

결국 실전스코어는 숏 게임을 잘 해야, 혹은 우연이라도 잘 돼야 좋은 결과가 나옵니다. 그래서 어프로치를 통한 위기관리 능력은 높게 평가됩니다.

양용은 선수와 타이거 우즈의 맞대결이 펼쳐졌던 PGA 챔피언십에서 양용은 선수는 14번 홀에서 어프로치 샷을 성공시킨 뒤 타이거 우즈의 기를 꺾었습니다. 결국 이는 우승의 결정적인 원동력이 되었습니다. 어프로치를 잘하는 선수는 언제든지 우승할 수 있는 것처럼 어프로치를 잘하는 골퍼는 항상 좋은 플레이를 펼칠 수 있습니다.

이런 소중한 어프로치를 배우고 싶습니다.

작은 스윙, 큰 스윙

어프로치에 대한 이해를 하고, 차근히 경험을 쌓아 간다면 분명 좋은 숏 게임을 하게 될 것입니다.

어프로치는 작은 스윙과 큰 스윙으로 나눠 생각하는 것이 좋습니다. 여기서 작은 스윙은 시계로 따졌을 때 9시에서 3시 정도의 수평라인 이하의 스윙 크기를 말하고, 그 이상의 스윙은 큰 스윙이라 할 수 있습니다. 거리로 치면 작은 스윙은 20m 이내, 큰 스윙은 20~50m 이내의 스윙을 말합니다.

이렇게 작은 스윙과 큰 스윙으로 나눈 것은 두 스윙의 스피드가 다르기 때문입니다. 작은 스윙 같은 경우 상대적으로 짧은 거리를 치는 스윙이기에 힘이 강하지 않습니다. 잔디나 땅에 의해 마찰력을 많이 받을 수 있습니다. 즉 뒤땅과 같은 샷이 잘 나옵니다.

이와 반대로 큰 스윙은 스피드가 빨라집니다. 빠르다는 것은 땅이나 잔디 마찰에 충분히 이겨낼 수 있음을 말합니다. 그러므로 작은 스윙과 큰 스윙은 달라야 합니다.

그래서 작은 스윙은 공을 옆에서 걷어낸다는 개념이 좋습니다. 일반적으로는 공과 땅을 동시에 치지만 이 샷은 가능한 땅과의 마찰을 줄여야 합니다. 이렇게 해야 공이 질퍽거리는 땅 위에 있을 때나 잔디가 없는 디버트 등 저항이 심한 곳에서도 쉽게 공을 앞으로 보낼 수 있습니다. 즉 타격이 아니라 지나가고 있는 스윙이어야 합니다.

이와 반대로 큰 스윙이 될 때에는 쓸어 쳐도, 찍어 쳐도 상관없습니다. 가속이 되는 상태에 샷은 어떻게든 공을 쉽게 보내 줍니다.

그러므로 작은 스윙은 공만 쓸어 치기, 큰 스윙은 원래 스윙을 줄여서 한다고 정의한다면 숏 게임을 하며 기준을 차근차근 만들어 갈 수 있습니다. 이러한 정의 아래 참 중요한 것이 있는데 바로 타격 방법입니다.

숏 게임의 타격 법(거리감을 최고로 끌어올리는 법)

결국 공을 핀에 근접시키기 위해서는 뭐가 제일 중요할까요? 자신이 생각한 거리감을 실현시킬 수 있어야 합니다, 이를 위해 어떠한 태도가 필요할까요? 혹시 무심결에 집에서 누워 있다가 필요한 곳에 물건을 '휙' 하고 가볍게 던져 본 적이 있으신가요? 혹은 친구가 달라는 물건을 가볍게 던져 본 적은요? 그렇게 무심결에 던져 준 물체는 의외로 정확한 거리감을 가지고 날아갑니다. 신이 주신 사람의 능력이기도 합니다.

그런데 만약 물건을 가볍게 던지는 상황을 절체절명의 순간으로 만들어 버린다면 상황은 달라집니다. 평소에 안 하던 생각을 하게 되고 어떻게 하면 정확하게 이것을 상대에게 전달할 수 있을까? 같은 생각에 잠깁니다. 당연 행동이 굼뜨게 되고 생각보다 좋지 않은 결과를 낳습니다.

어프로치 샷도 다르지 않습니다. 공을 달라는 사람에게 무심결에 던져 주는 것과 같이 편하게 쳤을 때는 거리감이 좋지만 생각이 많을 때는 엉뚱한 샷을 하게 됩니다. 왜 그럴까요?

다시 손으로 던질 때를 분석해 보면 무심결에 던지는 공은 그렇지 않은 공에 비해 한 치의 망설임 없이 날아갑니다. 손을 아래서 위로 던지는 데 있어 아무런 거리낌이 없었기 때문입니다. 골프공도 이렇게 날아가야 합니다. 그렇다면 이런 샷을 쉽게 유도할 수 있는 방법은 없을까요?

작은 어프로치 방법론

퍼팅과 흡사한 방법으로 한다면 가능합니다. 흔히 퍼팅할 때 사람들은 양 팔꿈치가 넓어집니다. 좌우로 수월하게 움직이게 하기 위함입니다. 웨지라는 클럽도 퍼터와는 다르게 생겼지만 충분히 퍼팅의 타법으로 공을 칠 수 있습니다. 퍼터라는 골프채에 로프트가 3도라면 어프로치는 그저 48~58도일뿐입니다.

로프트가 다르다고 다르게 치란 법은 없습니다. 퍼터로 공을 치면 땅에 붙어 가지만 웨지로 치면 약간 공이 떠서 가는 퍼팅이 됩니다. 그러니 필요한 만큼의 백스윙을 마친 뒤 공 던지기를 하듯 스피드를 조절하면 됩니다. 예를 들어 5m라면 백스윙 후 임팩트 때 5m에 맞는 속도를, 15m라면 그만큼의 속도를 맞춰주면 됩니다. 물론 퍼팅할 때처럼 팔꿈치를 벌릴 필요는 없습니다. 단 손목과 팔이 하나되어 좌우로 자신 있게 움직인 뒤 공이 맞는 순간 클럽헤드만 내보내 주는 바운스 터치가 되면 좋습니다. 이때 헤드가 나가는 속도가 곧 거리감입니다.

큰 어프로치 방법론

그런데 거리가 약 30m 이상 되는 어프로치부터는 퍼팅 방식으로 공을 보낼 수 없습니다. 이때부터는 풀스윙에서 하는 것처럼 클럽의 스윙을 이용해야 합니다.

클럽의 샤프트를 흔들어 파워를 만드는 방식입니다. 다만 흔드는 속도를 원하는 거리감에 맞게 미리 설정한 뒤 자신 있게 해야 합니다. 50m라면 조금 강하게 흔들 것이고 30m라면 약하게 흔들 것입니다. 하지만 임팩트 순간 헤드의 최고 가속이 일어나야 한다는 걸 잊어서는 안 됩니다. 그렇게 했을 때 다양한 잔디와 상황속에서 같은 거리감을 지니고, 자신 스스로도 확신을 가질 수 있습니다. 그리고 긴 어프로치의 거리감각은 직관적인 부분이 많이 차지합니다. 프로들이 이 정도의 샷을 꺼려하는 이유 중 하나입니다. 직관은 정의 내리기 어려우니까요. 그럼에도 자신의 직관을 믿고 실행할 수 있어야 합니다. 진정 그것을 믿고 실행했을 때 의외로 좋은 결과들이 많이 나옵니다.

이렇게 작은 어프로치와 큰 어프로치는 약간의 차이를 보입니다.

퍼팅

'퍼팅' 하면 뭐가 떠오르나요? 만약 구슬치기와 같이 땅에서 공을 굴리는 놀이를 생각하신다면 퍼팅을 잘하게 될 가능성이 높습니다. 학자들은 퍼팅을 골프 안의 또 다른 게임이라고 말합니다. 아마 메커니즘 자체도 그렇고 드라이버와 아이언샷에 비해 전혀 다른 게임의 특성을 지니고 있어서일 것입니다. 일단 로프트 자체도 신기합니다. 퍼터는 14개의 클럽 중 가장 낮은 로프트인 약 3도에서 5도 정도를 자랑하는데 이 상태에서 공이 맞으면 공이 땅에 붙어서 가게 됩니다. 7번 아이언이 32도인 것에 비하면 상당한 차이입니다.

즉, 퍼팅은 아무리 쳐도 절대 뜨지 않습니다. 그런데 어떤 사람의 퍼팅은 처음부터 통통 튀어서 가고 어떤 사람은 지면에 마찰을 심하게 받았는지 너무나 힘없이 출발합니다. 둘 다 퍼팅이 잘 안 될 때의 결과입니다. 이런 실수의 원초적 이유는 자신이 치고자 하는 거리에 대한 확신이 없어서입니다.

만약 골퍼가 목표물로 보낼 수 있다는 확신이 생긴다면 스토로크와 결과 모두 향상될 수 있습니다.

점수의 40%

퍼팅은 스코어에 많은 부분을 차지합니다. 약 100타를 치는 사람은 40% 비중을, 78타 정도 치는 사람은 30% 이상을 차지합니다. 결국 퍼팅수가 줄면 스코어도 줍니다. 그렇다면 우리는 한 홀에 몇 개 정도의 퍼팅을 할까요? 잘하는 사람들은 보통 1.6개, 퍼터가 안 되는 사람들은 2개가 넘어갑니다. 그리고 절망에 빠진 사람들은 평균 3개에 가깝습니다. 처음에 친 퍼팅이 홀컵에 가까이 가지 못한다면 홀당 퍼팅 수는 계속 증가합니다.

이렇게 퍼팅이 잘 안 되면 참 난해합니다. 매 홀마다 그린이 있고 공을 넣어야 할 홀이 있기에 퍼터를 안 할 수도 없고 옆에서 보는 이에게 미안한 마음만 듭니다. 퍼팅한 공이 홀컵 주변까지만 가도 문제없을 텐데 말이죠.

다행히 여기 퍼팅을 잘하는 사람이든, 못하는 사람이든 자신의 퍼팅 실력을 빠르게 증가시킬 수 있는 방법이 있습니다. 바로 '홀컵'을 보고 스토로크하는 것입니다.

사실 모든 거리를 맞추는 운동은 공보다는 목표물을 보고 하게 됩니다. 예를 들어 농구선수는 '링'을 보고 공을 던집니다. 자신의 공을 보고 던지지 않습니다. 타깃을 보지 않으면 정도를 가늠할 수 없기 때문입니다.

보고 치기

퍼팅의 목적은 자신의 공을 홀컵에 넣거나 홀컵 주변 가까이 보내는 데 있습니다. 그러므로 홀컵을 보아야 그에 필요한 거리를 맞출 수 있습니다. 실제 홀컵을 보고 퍼팅을 몇 번 해 본다면 너무나 쉽게 거리감을 갖게 됩니다.

그런데 왜 골프에서는 홀컵을 보고 퍼팅하지 않을까요? 문화적인 이유도 있고 공의 터치를 정교하게 해야 하는 이유도 있습니다. 그렇다면 퍼팅을 잘하는 사람들이나 선수들은 어떻게 홀컵을 보지 않고도 거리를 딱 맞추는 것일까요? 이들은 제3의 눈을 사용하고 있습니다. 우리의 시각은 왼쪽 눈과 오른쪽 눈을 통해 빛을 보고 그 빛이 시신경과 만나 시각화를 만들어 사물을 보게 된다고 합니다. 하지만 두 눈이 없어도 시각화는 가능합니다. 눈을 감고도 무언가를 볼 수 있다는 것입니다. 조금 의아하게 들릴 수 있지만 일상에서 경험하는 부분입니다. 특히 낮잠을 잘 때 눈을 뜨고 있지 않고도 꿈이라는 새로운 세계를 보게 됩니다. 혹은 옆 사람과 같이 있을 때 그 사람을 보고 있지 않아도 옆 사람이 "어디쯤 있겠다." 하는 위치는 느낄 수 있습니다.

이것이 주는 교훈은 골퍼가 공을 보고 칠 수밖에 없는 환경임에도 홀컵을 보는 사람처럼 퍼팅할 수 있다는 것입니다. 예를 들어 조금 전에 보았던 그 무엇이 내 머릿속 잔상에 남게 되어 그것에 집중할 수 있다는 뜻입니다. 그리고 그것에 온전히 마음을 기울여 퍼팅하면 됩니다. 이렇게 했을 때 퍼팅 거리감은 극대화됩니다.

1. 공을 치기 전 연습 스윙을 할 때 자신이 보내고자 하는 홀컵을 보며 연습 스윙한다.
2. 마치 맥주bar에서 다트를 던지기 전, 다트를 타깃에 대고 손을 왔다 갔다 하며 감을 느끼는 것처럼 홀컵을 보고 자신의 퍼터를 흔들어 본다.
3. 그리고 공을 본 뒤 그대로 친다.

이런 방법은 거리를 맞추기 위한 일정한 강도를 느끼게 해 주고, 자연스레 퍼팅에 대한 터치감을 제공합니다. 퍼팅을 잘하는 주요 선수들 대부분이 이런 방법을 취하고 있습니다. 어떤 선수는 홀컵과 공에 직선라인에서 이 행동을 하고, 어떤 선수는 공을 치기 전 공 뒤에서 홀컵을 바라보며 이 행동을 합니다. 어떤 방법이든 자신의 목표를 머릿속에서 그릴 수 있는데 도움이 된다면 상관없습니다.

이렇게 홀컵을 바라보며 자신의 거리 감각을 느꼈다면 생각보다 퍼팅수가 줄어드는 경험을 하게 됩니다. 아주 엉뚱한 퍼팅을 하던 사람이 홀컵 근처에서 컨시드를 받게 되고 뛰어난 롱 게임에 비해 퍼팅이 아쉬웠던 사람은 적절한 퍼팅의 성공을 통해 자신의 최고스코어를 기록하기도 합니다. 아무리 찾아봐도 단점이 없는 목표물을 향해 다가가는 퍼팅 방법은 누구에게나 큰 도움이 됩니다.

최선을 다해 퍼팅을 하라. 그리고 결과를 걱정하느라 스토로크를 망치지 마라.

- 바비 존스

당신의 최선은 무엇입니까?

2. 타수를 줄여 주는 생각

언제든지 좋은 흐름으로 이끌어갈 수 있는 어프로치와 퍼팅이 있다면 골프에 두려움이 없습니다. 그렇다면 이제 골프를 완성시키고 싶습니다. 좋은 축구팀이 명장과 함께하는 것처럼 자신의 골프 기술이 훌륭한 생각과 전략을 만난다면 골프의 꽃을 피울 것입니다.

편향

편향이란 한쪽으로 치우친 생각을 말합니다. 주로 심리학에서는 확증편향이란 말로 쓰이는데 간단히 본다면 인간의 착각을 예로 들 수 있습니다.

일각에서 인간은 착각의 동물이라 말할 정도로 착각과 함께 살아가는 것이 일상적이기도 하지만 이 같은 사실이 골프를 힘들게 할 때가 있습니다.

가장 큰 실수는 그린에서의 잘못된 판단입니다. 실제 경사는 오른쪽이 높은데 자신의 편향으로 왼쪽이 높다고 판단하거나 그리 경사가 높지 않음에도 실제보다 높다고 생각하는 것입니다. 보통 시야가 좁아진다고 표현하기도 하는 이런 증상은 그린 위에서 경험합니다. 왜 그럴까요? 빨리 홀컵에 넣고 마무리하고 싶은 마음 때문일까요? 그린 위에서 이런 편향이 생기는 것은 자신이 성공했던 기억에 너무 의존하여 나타나는 현상이라 합니다.

흔히 사람이 무언가에 성공한 경험은 뭐든지 도움이 되지만 그린을 살필 때에는 성공의 기억과 실패의 기억 모두 도움이 되어 보이지 않습니다. 오히려 순수한 상태나 객관적인 판단을 내려야 하는 판사처럼 그린을 보는 것이 유리합니다. 그러기 위해 그린 위에서는 다음과 같은 접근법이 좋습니다.

첫째, 자신이 치고자 하는 공의 스피드를 결정한다.

공이 그린에서 휘는 이유는 그린의 상태가 기울어서입니다. 그래서 개인이 치는 스피드에 따라 공이 휘는 정도는 달라집니다. 약하게 치면 많이 휘고 세게 치면 덜 휩니다. 그러므로 자신의 스피드를 먼저 선택하는 것이 좋습니다.

둘째, 자신의 스피드와 걸맞은 경사를 설정한다.

경사마다 차이가 있겠지만 자신이 치고자 하는 거리감에 딱 맞게 치고자 하는 방향을 설정해야 합니다. 당연한 얘기지만 만약 둘의 순서가 달라진다면 자신의 편향대로 흘러가게 됩니다. 자신이 치고자 하는 경사를 스피드보다 먼저 설정한다면 예전에 기억을 떠올려 그린을 판단하게 되기에 현재 그린상태의 알맞은 스피드를 무시하게 됩니다. 그래서 퍼팅 경사를 판단하고, 거리를 조절하는 데에 애를 먹습니다. 그러므로 항상 치고자 하는 스피드를 결정한 뒤 그 다음 경사를 보는 습관이 좋습니다.

마지막으로 공을 칠 때 이 공이 넘어갈까? 혹은 짧을까? 하는 마음에 공을 달래서 치거나 너무 강하게 치는 경우가 있습니다. 자신이 처음 생각했던 스피드를 믿고 쳐야 합니다. 그것이 실패하더라도 좋은 경험이 될 수 있습니다. 그 경험이 거리감각을 향상시킵니다.

또 다른 편향

다른 하나의 편향은 그린 공략 때의 세컨샷입니다. 보통 그린 위에 타깃인 핀은 위치가 매일 변합니다. 어느 날은 왼쪽 끝에 있기도 하고 어느 날은 뒤편에 있기도 합니다. 자신이 선호하는 핀 위치는 다르겠지만 정중앙에 있을 수만은 없는 것이 핀 위치입니다. 그래야 그린을 보존하고 가꿀 수 있으니까요. 그렇다고 핀 위치를 따라 자신의 공략이 달라질 필요는 없습니다. 한쪽으로 치우친 핀을 공략하려다 그린을 놓치게 되면 어프로치를 해야 되고 어프로치는 그린 위에서의 퍼팅보다 핀 옆에 붙일 확률이 떨어집니다. 그러므로 공은 무조건 그린 위에 올라가는 것을 목적으로 할 때 경기가 잘 풀립니다.

그럼에도 우리의 실수는 전날 연습장에서부터 시작됩니다. 전날 연습장에서 공이 아주 똑바로 날아가는 것을 경험할 때 사람은 자신감이 생깁니다. 자신감은 좋지만 그것이 그대로 필드에 연결되지는 않습니다. 전날의 굿 샷은 별로 믿을 만한 게 못 됩니다. 전날의 나는 전날의 '나'이고 오늘의 나는 오늘의 '나'입니다. 전날의 굿 샷이 현재의 편향으로 나타나지 않게 해야 합니다.

그래서 세컨샷을 공략할 때는 핀 위치에 따라 움직이는 것보단 그린 중앙을 느끼며 샷을 하는 것이 좋습니다.

실제로 아이언을 잘 치는 몇몇 선수에게 그린을 보면 어떤 느낌이 드냐고 했을 때 이들은 그린이 자신의 공을 잘 받아 줄 것 같은 아늑함을 느낀다고 말합니다. 그리고 이런 느낌은 샷을 할 때 실제로 도움을 줍니다. 공을 그린으로 보내는 건 나지만 공을 받아 주는 건 그린입니다. 그 공을 잘 받아 줄 그린은 아마도 그린에서 왼쪽 끝이나 오른쪽 끝이 아닐 것입니다.

스코어

사실 스코어는 생각하지 않아야 좋은 스코어가 나옵니다. 그럼에도 스코어는 골프의 결과이기에 자꾸 생각이 듭니다. 그렇다면 굳이 스코어를 잘 내야 하는 경기라면 어떻게 해야 할까요? 어떻게 해야 가장 이상적인 결과를 도출해 낼 수 있을까요? 자신의 목표 타수를 이루기 위한 방법이 궁금합니다. 이는 생각보다 흥미롭습니다. 보통 파72로 되어 있는 골프장은 파4홀이 10개, 파5홀이 4개, 파3홀이 4개입니다. 그래서 18홀이 되고 각 홀마다 정해진 타수 안으로 치면 72타가 됩니다.

다시 말해 정규 타수만 지켜도 72타라는 훌륭한 스코어를 기록하는 것이고, 그중 절반을 보기로 마무리해도 81타, 전부를 보기만 해도 90타라는 좋은 스코어를 기록합니다. 그런데 사람 마음이 이처럼 현명하지만은 않습니다. 보통은 매 홀마다 버디를 목적으로 하게 됩니다. 황금알을 낳는 거위의 배를 가른 불행한 주인처럼 한 번에 많은 것을 얻고 싶어 합니다.

버디를 하면 4번 쳐야 하는 홀에서 3번 쳤으니 한 타를 버는 셈입니다. 미리 벌어 두면 다음 쳐야 할 홀들에서 심적 우위를 점령하게 되기에 안 생길 수도 없는 욕심입니다. 그러나 욕심은 항상 화를 부른다고 합니다. 한 홀에서 버디를 목표로 하면 되레 큰 실수로 스코어를 잃어버리는 경우가 생깁니다. 무리한 투자가 큰 리스크를 동반하는 것처럼 버디에 대한 갈망이 우리를 무너트리는 것입니다.

사실 골프의 개념은 타수를 버는 게 아닌 72타라는 스코어를 지키는 데에 있습니다. 이 뜻은 스코어는 얻는 것보다 잃어버리는 경우가 많다는 것입니다.

그러니 보기를 하거나 더블보기, 나아가 더블파라는 스코어를 기록했다고 실망하거나 절망할 필요 없습니다. 그것보단 회사를 경영하듯 5타 잃을 일을 2타 안에 막을 수 있는 이성적 능력이 필요합니다.

중국의 춘추전국시대를 보면 항상 적의 군주를 확실하게 체포하려는 마음에 적진 깊이까지 들어갔다가 되레 자신이 포획되는 내용이 자주 나옵니다. 확실한 고지를 점령하려다 대패한다는 내용입니다.

골퍼 자신도 욕심을 채우기보단 본인 능력에 맞게 코스를 공략해야 합니다. 한 번에 모든 스코어를 잃지 않도록 말이죠.

신기하게도 자신의 분수에 맞게 플레이를 펼치면 버디도 주어지고 파도 주어지는 선물을 받습니다. 이런 전략이 골퍼의 평정심을 유지하는 데 도움 됩니다.

"행운은 자신에게 주어진 것을 가지고 노력하는 사람에게 찾아온다."

백스윙은 없다

흔히 골프연습장에 가 보면 가지런한 매트와 경사가 없는 평지성에서 골프를 칩니다. 그런데 필드는 다릅니다. 어떤 위치라도 경사가 제

각각이며 공이 놓이는 상황도 다양합니다. 평지처럼 보이는 스타트 지점 역시 평지가 아닙니다. 산과 들을 이용해 만든 골프장은 말 그대로 매번 다른 상황에서 샷을 하게 됩니다.

이런 상황에서 만약 자신이 의식하고 있는, 혹은 지켜야 하는 백스윙을 한다면 어떻게 될까요? 맞습니다. 현실에 주어진 조건과 일치될 수 없습니다. 연습장과 같은 평지나 공이 완벽하게 놓인 상태가 아니라면 백스윙은 달라져야 합니다. 예를 들어 공이 발보다 높은 곳에 있다면 스윙이 수평적으로 변하고, 밑에 있다면 수직적으로 변해야 합니다. 그렇지 않다면 그 공은 제대로 임팩트 되기 어려울 것입니다.

그래서 실전에서는 정해진 백스윙이 없어야 합니다. 다른 공놀이인 축구나 야구, 볼링 선수들도 실전에서 공을 떠나보내기 전 뒤로 하는 동작을 주의 깊게 생각하지 않습니다.

실전에서는 정말 단순히 공이 놓인 부분에만 집중해야 합니다. 그곳으로 클럽헤드가 발사될 수 있게 말이죠.

자신감은 주도성, 주도성은 주된 손

골프에서 자신감은 중요시 여겨집니다. 자신감이 없다면 빠른 속도로, 정확하게 쳐야 하는 골프를 이행하기 어렵기 때문입니다. 그런데 그 자신감은 어디서부터 생길까요? 심리적으로 본다면 내면에서부터 시작돼야겠지만 외향적으로도 자신감을 만들 수 있습니다.

바로 자신의 주된 손을 사용하는 것입니다. 주된 손이란 밥을 먹거나, 일을 할 때 주로 사용하는 손을 말합니다. 보통 이를 보고 오른손잡이 혹은 왼손잡이라고 말합니다. 그런데 골프에서는 오른손잡이에게 오른손을 사용하지 말라는 레슨이 많습니다. 그래서 많은 이들이 오른손에 관심을 갖지 못하는 것이 현실입니다. 그런데 이렇게 되면 자신감을 얻기 어렵습니다.

골프 경기는 주로 자신의 컨디션이 좋지 않을 때 치러지는데 이른 새벽에 골프장을 가기 위해 멀리 움직여야 하는 골퍼들은 매 샷 약간의 긴장 속에서 플레이를 합니다. 이럴 때 필요한 것이 자신감이라면, 반드시 골퍼는 자신이 직접 골프를 하고 있다는 주도성을 느낄 수 있어야 합니다. 그 주도성은 자신의 주된 손을 사용하는 데서부터 시작됩니다.

골퍼들에게 오른손을 사용하지 말라는 것은 그들이 오른손에 너무 힘을 주거나 너무 일찍 팔을 펴 버리기 때문입니다. 그러므로 오른손의 쓰임을 정확히 이해하고 그것을 올바르게 사용하여 다시 주된 손에 관심을 가져야 합니다. 그렇게 됐을 때 집중할 수 있는 자신만의 행동 동기가 올라오기 때문입니다. 그러므로 지금 골프가 절망에 빠져 있다면 다시 오른손에 관심을 가지고 골프를 시작해 보십시오. 어쩌면 전보다 훨씬 일관되고 자신 있는 골프를 경험할 수 있을 것입니다.

신뢰

우리는 누구나 믿고 살아갑니다. 주위 사람을 믿고, 공동체를 믿고, 자신의 세계관을 믿습니다. 이러한 믿음이 약하면 우리의 행동에는 수많은 제약들이 걸릴 것입니다. 아마 집을 나서는 것조차 두려워질 수 있습니다. 믿음이 강해야 행동이 굳세고 희망찹니다.

골프라는 운동도 이러한 믿음이 필요합니다. 그래서 골프클럽을 자유롭고 희망차게 해야 합니다. 그런데 보통 우리는 샷을 하는 도중 클럽을 제어합니다. 제어하는 이유는 나의 클럽이 임팩트를 제대로 해줄 것인가에 대한 걱정 때문일 것입니다. 특히 실력이 좋은 사람일수록 클럽이 백스윙 탑에서 가속으로 내려오게 되는데, 이를 의심하여 다른 제재를 가하면 엉뚱한 샷의 결과를 낳게 합니다. 전설이 된 잭 니클라우스는 이런 말을 했습니다.

"나의 기술을 의심한 때는 있어도 나의 클럽을 의심할 때는 없다."

그는 자신의 책에 클럽의 원심력을 느끼는 부분을 서술할 정도로 클럽의 가속을 선호합니다.

그러나 그가 클럽을 신뢰하지 않았다면 가속을 경험할 수 없었을 것입니다. 그리고 클럽에 대한 신뢰는 클럽을 기다릴 수 있는 능력을 주고 기다림은 항상 공을 가속으로 칠 수 있도록 돕습니다. 그러므로 신뢰와 기다림은 항상 같이합니다.

2011년 골프 연습생이 되기 위해 면접을 보러갔는데 그곳에 면접관께서 이런 질문을 하였습니다.

"당신은 친구가 약속장소에 나오지 않는데 얼마나 기다릴 수 있습니까?"

"글쎄요. 저는 한 시간 정도 기다릴 수 있을 것 같아요. 그런데 왜… 이런 질문을 하시죠?"

도사 같은 그가 말하였습니다.

"골프는 기다릴 줄 아는 사람이 잘합니다."

손으로 잡은 그립을 부드럽게 움직이며, 클럽헤드가 자연스레 공을 쳐 주게끔 기다려 보십시오. 혹시 모릅니다. 놀라운 골프가 펼쳐질지.

이 글을 마치면서

골퍼에는 세 종류가 있다.

스스로 답을 찾는 사람. 답을 내려 주길 기대하는 사람. 답을 만드는 사람. 이 세 사람들이 모여 있기에 골프계는 풍성하고 서로의 교류가 끊이지 않는다.

사실 이들의 목적은 크게 다르지 않다. 이들은 자신의 골프를 어떻게 하면 한 단계 더 성장시킬 수 있는가에 초점이 맞추어져 있다. 골프에 대한 의문도 그곳으로부터 시작한다. 결국 모두가 원하는 건 '성장'이다.

골퍼가 성장한다는 것 역시 세 가지의 분야가 있다. 자신의 몸과 마음을 정비하는 것, 자신의 기술을 새롭게 하는 것, 자신이 사용하는 골프채를 올바르게 갖추는 것이다.

몸을 정비하는 것은 전문 트레이너와 함께해야 하고 기술은 자신이 골프에 대해 생각하는 방식으로 나타난다. 이 책이 여러분의 골프 기술을 성장시키는 데에 좋은 생각의 밑거름이 되었으면 한다. 골프클럽은 유행하는 클럽보다는 가성비를 생각하여 자신이 잘 다룰 수 있는 클럽을 선택하는 것이 좋다. 요즘은 골프 피팅샵도 많이 생겨났으니 그곳을 찾아가 보면 좋겠다.

이렇게 골퍼는 자신의 몸, 기술, 클럽을 정비할 수 있어야 한다. 그래서 도구를 잘 다룰 수 있는 몸과 올바른 지식을 바탕으로 한 의식, 그리고 자신에게 맞는 도구를 갖출 때, 답을 찾는 사람도, 답을 기대하는 사람도, 답을 만드는 사람도 골프가 수월해지기 시작한다.

그리고 저자는 골퍼들에게 바람이 하나 있다.

남들이 하는 말만 듣고 자신의 골프를 경영하기보다 자신을 올바르게 이해하여 자신에게 맞는 골프론을 만들었으면 좋겠다. 골프는 정답이 없고 철학만이 존재하기 때문이다. 개인과 상황에 맞는 정답만이 존재한다.

선생님이나 고수들이 하는 말이 자신에게 정답이 될

수 없음을, 오직 그것은 자신에게 참고서가 될 뿐임을 기억하길 바라며 이 글을 마치고 싶다.

저자 **김준식**

email: tensiongolf@naver.com
mobile: 010-3890-4401

유튜브 채널 운영: 광화문 골프TV

참고 문헌

성경

박광진 박사 개인블로그

『골프마이웨이』, 팩컴북스, 잭니클라우스

『도끼스윙』, MSD미디어, 임경빈

『유레카 E=MC²』, 텔림, 고중숙

『코리안 탱크』, 비젼과 리더쉽, 최경주

『화』, 명진출판, 틱 낫한

『행복』, 나무의 마음, 법륜 스님, 그림 최승미

『분노와 상처 극복하기』, 은혜출판사, 트와이트 L. 칼슨

『골프 완벽한 게임은 없다』, 루비박스, 밥 로텔라

『부동의 심리학』, 21세기 북스, 사이언 베일락

『동의보감』, 허준

『세상의 모든 섬들이 내게 가르쳐준 지혜』, 크림슨, 재니스 프롤리 홀러

『승자의 뇌』, 『스트레스는 나쁜 것이 아닙니까』, 알에이치코리아, 이안 로버트슨

『골퍼와 백만장자』, 디자인 하우스, 마크 피셔

『도덕경』, 노자

골프,
이 책을 미리 알았더라면

개정판 1쇄 발행 2020년 11월 22일
개정판 2쇄 발행 2023년 6월 9일

지은이 김준식
펴낸이 이기봉
편집 좋은땅 편집팀
펴낸곳 도서출판 좋은땅
주소 서울특별시 마포구 양화로12길 26 지월드빌딩 (서교동 395-7)
전화 02)374-8616~7
팩스 02)374-8614
이메일 gworldbook@naver.com
홈페이지 www.g-world.co.kr

ISBN 979-11-6649-029-3 (03690)